남다른 말하기 글쓰기를 위한 우리말 부려쓰기

우리말을 알려 드립니다

유영진 글 임윤미 그림

킨다리

책머리에

꽃등에는 생각이 반짝
두벌에는 말이 술술!

   2006년 우리말 관련 책을 만들며 아름다운 우리말에 관심을 갖기 시작했습니다. 2007년 10월경부터 3년여 동안 어린이 신문에 우리말 십자말풀이 연재를 하며 국어사전 들여다보는 재미에 빠졌습니다.
   국어사전 속에는 무수히 많은 낱말들이 들어 있습니다. 어려운 한자어 낱말도 많았지만 아름다운 순우리말도 많았습니다. 하지만 많은 순우리말들이 낯설고 익숙하지 않았습니다. 널리 쓰이고 있지 않았기 때문입니다.
   너무 예쁜 우리말, 아름다운 우리 표현! 어떻게 하면 널리 쓰이게 할 수 있을까 고민하다 『우리말을 알려 드립니다』를 만들게 됐습니다.

낱말을 모으고, 주제별로 엮는 과정이 쉽지는 않았지만 참 보람되고 재미있었습니다.

『우리말을 알려 드립니다』는 말 그대로 아름다운 우리말을 알려 드리기 위해 만들어진 책입니다. 국어사전 속에 곤히 잠들어 있는 우리말을 꺼내어 널리 활용될 수 있도록 만들었습니다.

우리의 생각과 마음을 더 잘 전달할 수 있도록 주제별로 낱말을 모았습니다.

내 성격을 어떻게 표현할 수 있지?
지금 부는 이 바람은 무슨 바람일까?
이 기분을 뭐라고 표현해야 하지?
구름에도 이름이 있을까?

말과 글은 사람의 생각을 표현하는 수단입니다. 때문에 낱말 하나하나에도 생각이나 느낌을 담을 수 있습니다.

도둑이 무슨 뜻인지는 모두 알 것입니다. 그럼 도둑벌, 도둑놈까시, 도둑눈은 무슨 뜻일까요?

도둑벌은 꽃에서 꿀을 못 얻고 남의 벌통에서 꿀을 가져오는 꿀벌을 말합니다.

도둑놈까시는 풀 종류 중 하나인 도깨비바늘의 사투리입니다. 동물의 털이나 사람의 옷가지에 몰래 붙어서 씨를 퍼뜨리는 것이 마치 도둑하고 비슷해서 붙여진 이름입니다.

도둑눈은 밤사이 사람들 몰래 내린 눈을 말합니다. 함박눈처럼 널리 알려진 낱말은 아니지만 정말 그럴듯한, 눈에 관한 표현입니다.

이처럼 우리말은 우리가 느끼고, 깨닫고, 경험해서 만들어 낸 말입니다. 널리 쓰이지 않아 잠들어 있는 우리말을 이 책을 통해 깨워 봤으면 합니다.

우리 말과 글은 후손에게 물려줄 귀중한 문화유산입니다. 언어는 다른 문화유산처럼 불타 없어지거나 훔쳐

갈 수 있는 게 아닙니다. 하지만 깨우고 살려 쓰지 않으면 말과 글은 사라집니다. 어느 문화유산보다 가까이에서 지키고 가꾸어 나갈 수 있는 우리의 말과 글. 지금부터 함께 익히고 사용해 봅시다.

   그러면 언어도 살아나고, 우리의 표현력도 더욱 다채로워질 것입니다.

2020년 생량머리에

유영진

일러두기

특징

『우리말을 알려 드립니다』의 특징은 주제별 마인드맵에 있습니다. 성격, 비, 바람, 울음, 웃음 등 여러 주제별 낱말을 모아 우리말을 보다 쉽고 재미있게 익힐 수 있도록 만들었습니다.

구성

주제별 미리 보기, 마인드맵 그리고 낱말 풀이로 구성되어 있습니다.

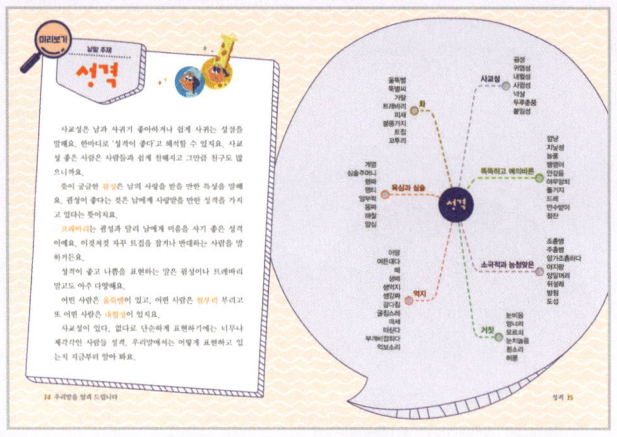

미리 보기 : 각 장의 주제를 간단한 풀이를 통해 미리 알아 보는 단계입니다.

마인드맵 : 주제별 낱말을 한눈에 쉽게 알아보도록 만든 낱말 지도입니다.

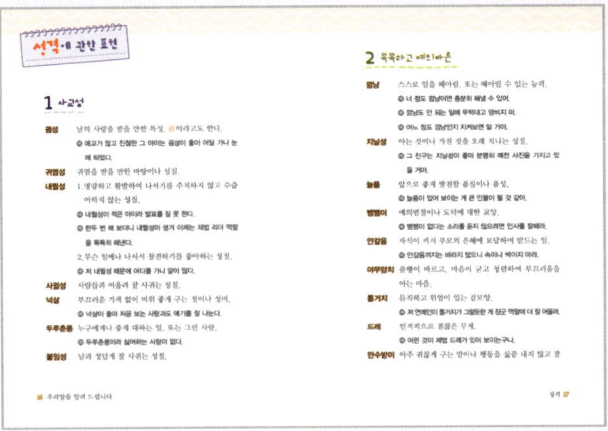

낱말 풀이 : 낱말의 뜻을 풀이하고, 생활 속에서 어떻게 표현하는지 예문이 들어 있습니다.

활용

순우리말 시 쓰기 : 『우리말을 알려 드립니다』는 되도록 순우리말을 활용하여 만들었습니다. 때문에 조금은 낯선 낱말들도 보일 것입니다. 그런 낱말들을 활용하면 시를 창작할 때 소재 찾기에 도움이 되고, 좀 더 섬세하게 표현할 수 있습니다.
예를 들면, 그냥 눈보다는 도둑눈, 발등눈, 소나기눈, 자국눈, 풋눈 등 다양한 우리말 표현을 배우고 시로 표현해 보는 것입니다. 글짓기나 일기 쓰기에 활용해도 좋습니다.

표현하기 : 『우리말을 알려 드립니다』는 일상생활 속에서 자주 쓰는 주제들로 엮었습니다. 어떤 바람인지, 어떤 구름인지, 어떤 맛인지, 어떤 성격인지, 지금 내 기분이 어떤지 자세히 들여다보고 『우리말을 알려 드립니다』 속 낱말을 활용하여 섬세하게 자신의 생각과 감정을 표현할 수 있습니다.

차례

성격	14
태도와 됨됨이	24
겉모습과 별명	34
생각, 정신, 마음	40
감정	46
말	58
걸음걸이	66
재주와 솜씨	76
웃음	84
울음	96

맛	104
잠	114
수다	122
시간	128
계절 알림 말	134
계절 어울림 말	140
날씨	148
바람	158
비	168
눈	174
해, 달, 별	180

낱말 주제: 성격

사교성은 남과 사귀기 좋아하거나 쉽게 사귀는 성질을 말해요. 한마디로 '성격이 좋다'고 해석할 수 있지요. 사교성 좋은 사람은 사람들과 쉽게 친해지고 그만큼 친구도 많으니까요.

뜻이 궁금한 굄성은 남의 사랑을 받을 만한 특성을 말해요. 굄성이 좋다는 것은 남에게 사랑받을 만한 성격을 가지고 있다는 뜻이지요.

트레바리는 굄성과 달리 남에게 미움을 사기 좋은 성격이에요. 이것저것 자꾸 트집을 잡거나 반대하는 사람을 말하거든요.

성격이 좋고 나쁨을 표현하는 말은 굄성이나 트레바리 말고도 아주 다양해요.

어떤 사람은 울뚝밸이 있고, 어떤 사람은 엄부럭 부리고 또 어떤 사람은 내뜰성이 있지요.

사교성이 있다, 없다로 단순하게 표현하기에는 너무나 제각각인 사람들 성격. 우리말에서는 어떻게 표현하고 있는지 지금부터 알아 봐요.

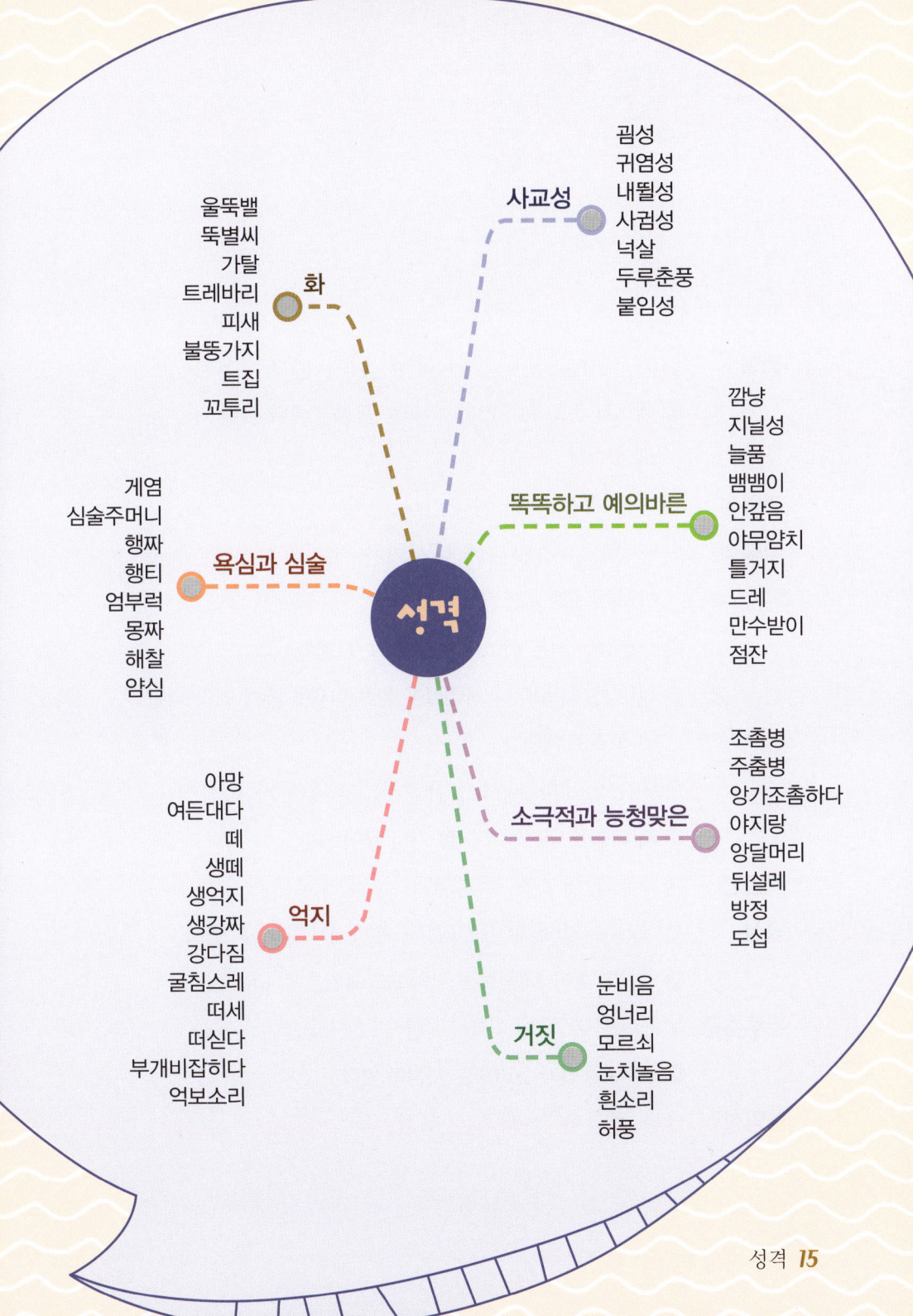

성격에 관한 표현

1 사교성

곰성 남의 사랑을 받을 만한 특성. 곰이라고도 한다.
- 예 애교가 많고 친절한 그 아이는 곰성이 좋아 어딜 가나 눈에 띄었다.

귀염성 귀염을 받을 만한 바탕이나 성질.

내뜀성 1. 명랑하고 활발하여 나서기를 주저하지 않고 수줍어하지 않는 성질.
- 예 내뜀성이 적은 아이라 발표를 잘 못 한다.
- 예 한두 번 해 보더니 내뜀성이 생겨 이제는 제법 리더 역할을 톡톡히 해낸다.

2. 무슨 일에나 나서서 참견하기를 좋아하는 성질.
- 예 저 내뜀성 때문에 어디를 가나 말이 많다.

사귐성 사람들과 어울려 잘 사귀는 성질.

넉살 부끄러운 기색 없이 비위 좋게 구는 짓이나 성미.
- 예 넉살이 좋아 처음 보는 사람과도 얘기를 잘 나눈다.

두루춘풍 누구에게나 좋게 대하는 일. 또는 그런 사람.
- 예 두루춘풍이라 싫어하는 사람이 없다.

붙임성 남과 정답게 잘 사귀는 성질.

2 똑똑하고 예의바른

깜냥 스스로 일을 헤아림. 또는 헤아릴 수 있는 능력.
예 너 정도 깜냥이면 충분히 해낼 수 있어.
예 깜냥도 안 되는 일에 무턱대고 덤비지 마.
예 어느 정도 깜냥인지 지켜보면 알 거야.

지닐성 아는 것이나 가진 것을 오래 지니는 성질.
예 그 친구는 지닐성이 좋아 분명히 예전 사진을 가지고 있을 거야.

늘품 앞으로 좋게 발전할 품질이나 품성.
예 늘품이 있어 보이는 게 큰 인물이 될 것 같아.

뱀뱀이 예의범절이나 도덕에 대한 교양.
예 뱀뱀이 없다는 소리를 듣지 않으려면 인사를 잘해라.

안갚음 자식이 커서 부모의 은혜에 보답하며 받드는 일.
예 안갚음까지는 바라지 않으니 속이나 썩이지 마라.

야무얌치 품행이 바르고, 마음이 굳고 청렴하여 부끄러움을 아는 마음.

틀거지 듬직하고 위엄이 있는 겉모양.
예 저 연예인이 틀거지가 그럴듯한 게 장군 역할에 더 잘 어울려.

드레 인격적으로 점잖은 무게.
예 어린 것이 제법 드레가 있어 보이는구나.

만수받이 아주 귀찮게 구는 말이나 행동을 싫증 내지 않고 잘

성격 17

	받아 주는 일.
	예 착한 형이 되어 보겠다고 만수받이하려다 짜증만 늘었다.
점잔	점잖은 태도.
	예 점잔을 빼느라 부르고 싶은 노래를 못 불렀다.

3 소극적과 능청맞은

조촘병	일을 하는 데 망설이며 벼르기만 하고 잘 해내지 못하는 결점.
	예 빨리 결정해. 그렇게 자꾸 망설이기만 하면 조촘병이 들어서 아무것도 못 해.
주춤병	무슨 일을 하는 데 결단성이 없고 주춤주춤 머뭇거리기만 하는 결점.
앙가조촘하다	1. 앉지도 서지도 아니하고 몸을 반쯤 굽히다.
	예 동생은 배가 아픈지 앙가조촘하다가 화장실로 달려갔다.
	2. 이러지도 저러지도 못하고 조금 망설이다.
	예 친구가 무슨 말을 하려는지 앙가조촘하면서 쉽게 입을 떼지 못했다.
야지랑	얄밉도록 능청맞고 천연스러운 태도.
앙달머리	어른 아닌 사람이 어른인 체하며 부리는 얄망궂고 능청스러운 짓.

㉠ 헛기침까지 해 대는 동생의 앙달머리에 웃음이 터지고 말았다.

㉠ 어린 녀석이 어찌나 앙달머리스레 구는지 애늙은이가 따로 없더라니까.

뒤설레 서두르며 수선스럽게 구는 일.

㉠ 아침부터 뒤설레를 떨다가 준비물을 놓고 왔지 뭐야.

방정 몹시 가볍고 점잖지 못하게 까부는 말이나 행동.

도섭 주책없이 능청맞고 수선스럽게 변덕을 아주 잘 부리는 짓.

㉠ 도섭을 떠는 동생을 보니 정신이 없었다.

4 거짓

눈비음 남의 눈에 좋게 보이기 위하여 겉으로만 꾸미는 일.

㉠ 눈비음뿐이지 사실 열심히 하지는 않아서 정말 얄미워.

엉너리 남의 환심을 사기 위하여 어벌쩡하게 서두르는 짓.

㉠ 빈둥빈둥 놀다가 선생님이 나타나자 엉너리를 떨어 댔다.

모르쇠 아는 것이나 모르는 것이나 다 모른다고 잡아떼는 짓.

눈치놀음 진심이 아닌, 남의 눈치를 보아 가며 그 눈치에 맞추어 하는 행동.

㉠ 눈치놀음 그만하고 네 생각대로 해.

| 흰소리 | 터무니없이 자랑으로 떠벌리거나 거드럭거리며 허풍을 떠는 말.
| | 예 어찌나 흰소리를 늘어놓던지, 말로는 못 하는 것이 없을 것 같았다.
| 허풍 | 실제보다 지나치게 과장하여 믿음성이 없는 말이나 행동.

5 화

| 울뚝밸 | 화를 벌컥 내어 말이나 행동을 함부로 우악스럽게 하는 성질. 또는 그런 짓.
| | 예 참을성 없이 아무 때나 울뚝밸을 쓰면 어떡하니?
| 뚝별씨 | 걸핏하면 불뚝불뚝 성을 잘 내는 성질. 또는 그런 사람.
| | 예 그는 참을성도 인내심도 없는 뚝별씨였다.
| 가탈 | 1. 이리저리 트집을 잡고 까다롭게 구는 일.
| | 예 이건 이래서 싫고, 저건 저래서 싫고 계속 가탈만 부리는 바람에 하나도 못 샀다.
| | 2. 일이 순조롭게 나아가는 것을 방해하는 조건.
| | 예 처음 하는 산행인데 날씨까지 안 좋아 여러 가탈이 많이 생겼다.
| 트레바리 | 이유 없이 남의 말에 반대하기를 좋아함. 또는 그런 사람.

피새　급하고 날카로워 화를 잘 내는 성질.
　　　예 무조건 트레바리만 하지 말고 네 의견을 내 봐.

피새　급하고 날카로워 화를 잘 내는 성질.
　　　예 괜한 피새 부리지 말고 잘 생각해 봐.

불뚱가지　걸핏하면 얼굴이 불룩해지면서 성을 내며 함부로 말하는 성질.

트집　공연히 조그만 흠을 들추어내어 불평을 하거나 말썽을 부리는 일.
　　　예 자기가 할 것도 아니면서 공연히 트집을 잡고 훼방을 놓았다.

꼬투리　1. 남을 해코지하거나 헐뜯을 거리.
　　　예 별것 아닌 일로 사사건건 꼬투리를 잡으며 시비를 건다.
　　　2. 어떤 이야기나 사건의 실마리.
　　　예 사건의 꼬투리를 잡았으니, 곧 해결될 것이다.

6 욕심과 심술

게염　부러워서 시샘하고 탐내는 마음.
　　　예 친구 장난감을 보니 게염이 나서 입이 뿌루퉁해졌다.

심술주머니　심술이 잔뜩 들어 있는 마음보.

행짜　심술을 부려 남을 해롭게 하는 짓.
　　　예 행짜를 부리다 경찰까지 출동했다.

행티	행짜를 부리는 버릇.
엄부럭	어린아이처럼 철없이 부리는 엄살이나 심술.
	예 자꾸 엄부럭을 부리면 같이 놀아 줄 수 없어.
몽짜	엉큼하고 심술궂게 욕심을 부리는 짓. 또는 그런 사람.
해찰	1. 마음에 썩 내키지 않아 물건을 쓸데없이 이것저것 집적거리는 일.
	2. 일에 마음을 두지 아니하고 쓸데없이 다른 짓을 하는 것.
	예 그렇게 해찰을 부리니까 선생님 말을 못 알아듣는 거야.
암심	몹시 샘바르고 남을 시기하는 마음.
	예 자기 것 좋은 줄 모르고 계속 암심을 부렸다.

억지

아망	아이들이 부리는 오기.
여든대다	귀찮게 자꾸 억지를 부리다.
	예 자꾸 여든대지 말고 가만히 좀 있어라.
떼	되지도 않을 요구나 청을 들어 달라고 고집을 부리는 짓.
생떼	억지로 쓰는 떼.
생억지	특별한 까닭도 없이 무리하게 쓰는 억지.

생강짜   터무니없이 억지로 부리는 강짜. 또는 그런 행동을 하는 사람.

강다짐   1. 억지로 또는 강압적으로 하는 것.
　　　　　 ㉮ 강다짐으로 한다고 일이 해결되겠니?
　　　　　 2. 남을 보수도 주지 아니하고 억지로 부림.
　　　　　 ㉮ 좀 어리석어 보인다고 강다짐으로 일을 시켰다.
　　　　　 3. 덮어놓고 억눌러 꾸짖음.
　　　　　 ㉮ 선생님은 우리 얘기는 들어 보지도 않고 무조건 강다짐을 하였다.
　　　　　 4. 이미 한 일이나 앞으로 할 일에 틀림이 없음을 매우 단단히 강조하여 확인함.
　　　　　 ㉮ 친구와 나는 꼭 비밀을 지키자고 강다짐을 하였다.

굴침스레   어떤 일을 억지로 하려고 애쓰는 듯하는 것.
　　　　　 ㉮ 굴침스레 그러지 말고 못 하겠으면 도움을 청하렴.

떠세   재물이나 힘 따위를 내세워 잘난 체하며 억지를 쓰는 것.

떠싣다   억지로 맡기는 것.
　　　　　 ㉮ 형은 하기 싫다는 심부름을 내게 떠실어 버리고 도망쳤다.

부개비잡히다   하도 졸라서 본의 아니게 억지로 하게 되다.
　　　　　 ㉮ 부개비잡히어 하는 일이 즐거울 수 있겠니?

억보소리   억지가 센 사람의 소리라는 말로, 쓸데없이 내세우는 고집을 비유.

성격 23

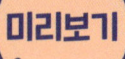

낱말 주제

태도와 됨됨이

　자린고비 하면 구두쇠가 떠올라요. 놀부는 욕심쟁이가 떠오르고요. 이유는 구두쇠와 욕심쟁이가 자린고비와 놀부의 됨됨이를 대표하는 말이기 때문이에요.
　됨됨이는 사람으로서 지닌 품성이나 인격을 말해요. 구두쇠 자린고비는 아주 인색한 품성을 지니고, 욕심쟁이 놀부는 욕심이 아주 많은 품성을 가지고 있지요.
　자린고비와 놀부처럼 사람들은 저마다 다른 태도와 됨됨이를 가지고 있어요.
　인색한 사람이 있으면 너그러운 사람도 있고, 욕심이 많은 사람이 있는가 하면 베풀기 좋아하는 사람도 있지요.
　게으르고 부지런하고, 착하고 버릇없는 사람들의 태도와 됨됨이.
　우리말에서는 어떻게 표현하고 있을까요?

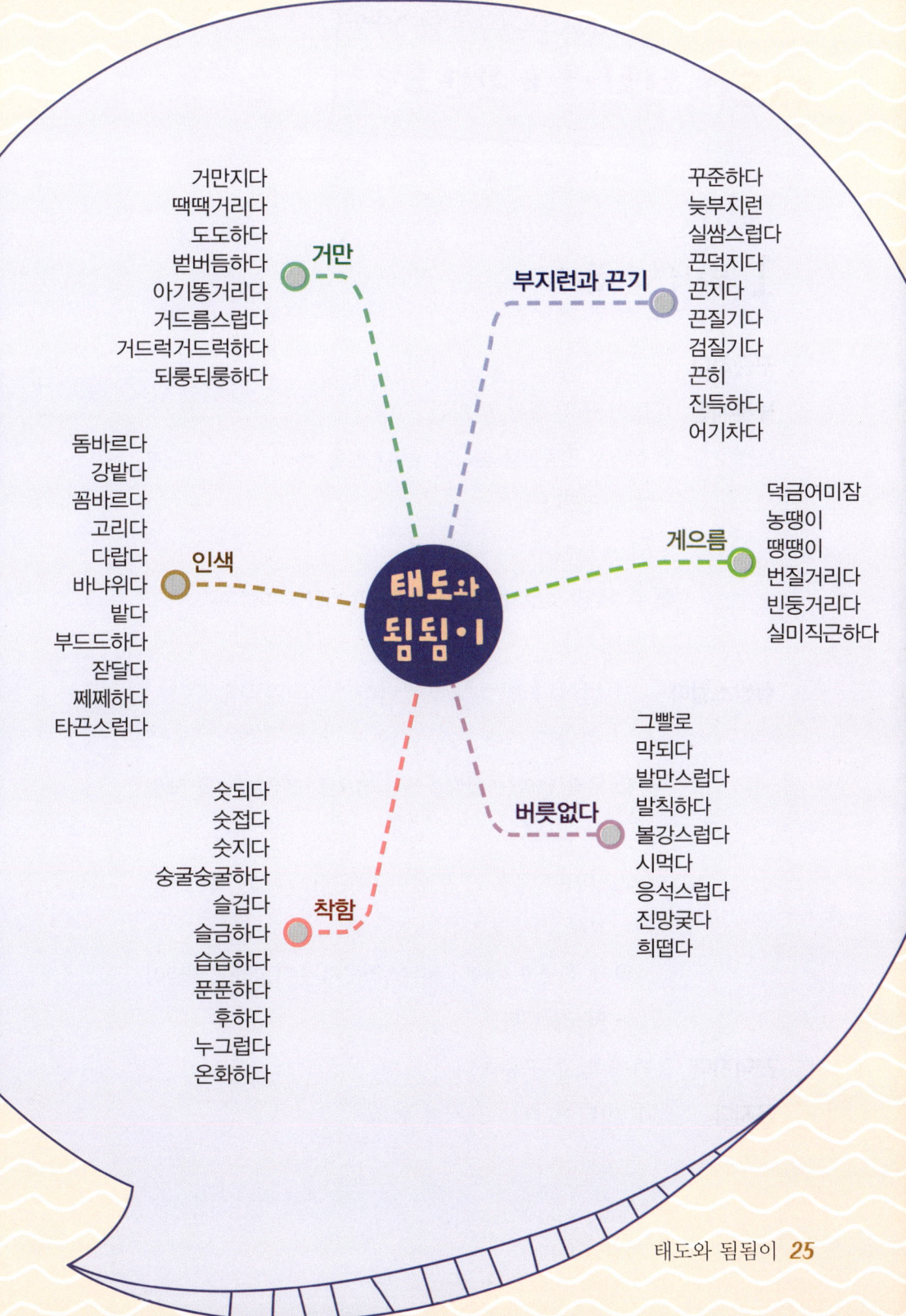

태도와 됨됨이에 관한 표현

1 부지런과 끈기

꾸준하다 한결같이 부지런하고 끈기가 있다.

늦부지런 1. 늙어서 부리는 부지런.
  예 젊어서 핀둥핀둥 놀다가 늦부지런을 하려니 몸이 맘대로 되지 않았다.

  2. 뒤늦게 서두르는 부지런.
  예 부랴부랴 늦부지런을 떨어 봤지만 지각을 피할 수 없었다.

실쌈스럽다 1. 말이나 행실이 부지런하고 착실한 데가 있다.
  예 우리 엄마는 실쌈스러워 게으름 피우는 것을 제일 싫어하신다.

  2. 말이나 행동이 부산하고 수다스러운 데가 있다.
  예 내 친구는 어찌나 실쌈스러운지 수다쟁이란 별명이 딱 어울린다.

끈덕지다 끈기가 있고 꾸준하다.

끈지다 오래 버티어 가는 끈기가 있다.

끈질기다 끈기 있게 검질기다.
> 예 아기는 작고 여리지만 끈질긴 생명력으로 무사히 건강을 되찾았다.

검질기다 성질이나 행동이 몹시 끈덕지고 질기다.

끈히 질기도록 끈기 있게.
> 예 동생은 처음 산행이었지만 끈히 버티어 정상까지 올랐다.

진득하다 성질이나 행동이 검질기게 끈기가 있다. 매우 검질기게 끈기가 있을 때는 진득진득하다로 쓴다.
> 예 자꾸 왔다 갔다 하지 말고 진득하게 기다리렴.

어기차다 한번 마음먹은 뜻을 굽히지 아니하고, 성질이 매우 굳세다.
> 예 어기차게 밀고 나가더니 결국 해내고야 말았다.

2 게으름

덕금어미잠 버릇이 되어 버린 게으름을 이르는 말.
> 예 덕금어미잠 성격에 무슨 일을 하겠니?

농땡이 일을 하지 않으려고 꾀를 부리며 게으름을 피우는 짓. 또는 그런 사람.
> 예 농땡이를 부리다가도 선생님만 보이면 열심히 하는 척했다.

땡땡이 해야 할 일을 하지 않고 눈을 피하여 게으름을 피우는 짓. 또는 그런 사람.

빈질거리다 몹시 게으름을 피우며 맡은 일을 제대로 하지 않다. 센 느낌의 삔질거리다도 있다.

빈둥거리다 아무 일도 하지 아니하고 자꾸 게으름을 피우며 놀기만 하다. 밴둥거리다, 뻔둥거리다, 핀둥거리다 등도 같은 표현이다.

실미직근하다 1. 게을러서 열성이 적다.
예 쟤는 성격이 실미직근해서 일을 제대로 해내지 못해.
2. 조금 더운 기운이 있다.

3 버릇없다

그빨로 나쁜 버릇을 버리지 않고 그대로.
예 그빨로 행동하다가는 된통 당하고 말 거야.

막되다 말이나 행실이 버릇없고 난폭하다.

발만스럽다 두려워하거나 조심하는 태도가 없이 꽤 버릇없다.
예 요즘에는 예절 교육이 덜 되어 발만스러운 아이들이 제법 있다.

발칙하다 하는 짓이나 말이 매우 버릇없고 막되어 괘씸하다.

볼강스럽다 어른 앞에서 버릇없고 공손하지 못한 태도가 있다.
　　　　　　　예 할머니 앞에서 볼강스럽게 뭐 하는 짓이니?

시먹다 못된 버릇이 들어 남의 말을 듣지 않는 경향이 있다.
　　　　예 어린 녀석이 시먹어 도통 말을 듣지 않는다.

응석스럽다 어른들이 귀여워해 줄 것을 믿고 버릇없이 구는 태도가 있다.

진망궂다 경망스럽고 버릇이 없다.
　　　　　예 아무 데서나 진망궂게 굴더니 된통 혼나고 말았다.

희떱다 1. 말이나 행동이 분에 넘치며 버릇이 없다.
　　　　　예 자꾸 희떠운 소리 하지 말고 얌전히 좀 있어라.
　　　　　2. 실속은 없어도 마음이 넓고 손이 크다.
　　　　　예 용돈 아낀다고 걸어오더니, 동생에게는 과자를 사 주며 희떱게 굴었다.

4 거만

거만지다 매우 거만하거나 거만한 데가 있다.
땍땍거리다 콧대를 세우고 으스대며 거만하게 큰 소리로 말하거나 행동하다.

㉠ 아무 데서나 그렇게 땍땍거리다 큰코다칠걸.

도도하다 잘난 체하며 주제넘게 거만하다.
㉠ 어찌나 도도하게 굴던지 선생님도 혀를 내두를 지경이었다.

벋버듬하다 1. 말이나 행동이 좀 거만하다.
㉠ 괜히 벋버듬하게 굴지 말고 얌전히 행동해야 해.
2. 두 끝이 버드러져 나가 사이가 뜨다.
㉠ 바닥이 벋버듬해졌다.
3. 사이가 틀려 버성기다.
㉠ 우리는 어제 싸운 일로 벋버듬해져서 아무 말도 하지 않았다.

아기똥거리다 말이나 행동 따위가 매우 거만하고 앙큼하다.
㉠ 뭐가 그리 잘났는지 아기똥거리며 친구들 말을 무시해 버렸다.

거드름스럽다 보기에 거만스러운 데가 있다.

거드럭거드럭하다 거만스럽게 잘난 체하며 자꾸 버릇없이 굴다. 센 느낌의 꺼드럭꺼드럭과 꺼뜨럭꺼뜨럭도 있다.

되룽되룽하다 자꾸 잘난 체하며 거만을 떨다.
㉠ 돈 좀 있다고 되룽되룽하는 꼴이 눈에 거슬렸다.

5 인색

돔바르다 1. 매우 인색하다.
   ⓔ 형은 돔발라서 아무것도 주려 하지 않았다.
   2. 조금도 인정이 없다.
   ⓔ 돔바른 사람이라 남의 사정 같은 것은 봐주지 않았다.

강밭다 몹시 야박하고 인색하다.
   ⓔ 평소에 강밭게 살아서 선뜻 도와주려는 사람이 없었다.

꼼바르다 마음이 좁고 지나치게 인색하다.

고리다 마음씨나 하는 짓이 아니꼬울 정도로 옹졸하고 인색하다.

다랍다　언행이 순수하지 못하거나 조금 인색하다.
　　　　🅔 딱한 사정을 뻔히 알면서 다라운 소리만 하고 도와주려 하지 않았다.

바냐위다　성질이 얄미울 정도로 아주 인색하다.

밭다　지나치게 아껴 인색하다.
　　　🅔 얼마나 돈에 밭은지 한번 손에 들어온 돈은 도무지 쓸 줄을 몰랐다.

부드드하다　인색하게 잔뜩 움켜쥐고 내놓기 싫어하는 태도가 있다. 센 느낌의 뿌드드하다도 있다.
　　　　🅔 부드드하게 돈 돈 하는 것보다는 서로 나누고 베푸는 모습이 훨씬 보기 좋다.

잗달다　하는 짓이 잘고 인색하다.
　　　🅔 잗달게 굴지 말고 사과를 받아 줘라.

째째하다　잘고 인색하다.

타끈스럽다　치사하고 인색하여 욕심이 많은 데가 있다.
　　　　🅔 친구들에게 타끈스럽게 굴다가도 필요한 게 있으면 알랑방귀를 뀌었다.

6 착함

숫되다　순진하고 어수룩하다.

숫접다   순박하고 진실하다.
　　　　　예) 숫저운 사람이라 남의 말을 곧이곧대로 믿었다.

숫지다   순박하고 인정이 두텁다.
　　　　　예) 동네 사람들이 숫져서 금방 친해졌다.

숭굴숭굴하다   성질이 까다롭지 않고 수더분하며 원만하다.

슬겁다   마음씨가 너그럽고 미덥다.
　　　　　예) 은이는 슬거워 때로는 언니처럼 느껴질 때가 있다.

슬금하다   겉으로 보기에는 어리석고 미련해 보이지만 속마음은 슬기롭고 너그럽다.
　　　　　예) 어수룩해 보여도 슬금한 아이라 금방 눈치챌 거야.

습습하다   마음이나 하는 짓이 활발하고 너그럽다.
　　　　　예) 사람이 좀 습습한 맛이 있어야지, 그렇게 꼬치꼬치 따지고 삐치면 되겠니?

푼푼하다   옹졸하지 않고 시원스러우며 너그럽다.
　　　　　예) 푼푼한 성품을 지닌 성훈이가 회장이 되었다.

후하다   마음 씀씀이나 태도가 너그럽다.
　　　　　예) 할머니는 후한 성격이라 베풀기를 좋아했다.

누그럽다   마음씨가 따뜻하고 부드러우며 융통성이 있다.
　　　　　예) 누그러워 웬만한 일에는 화를 내지 않았다.

온화하다   성격이나 태도 따위가 온순하고 부드럽다.
　　　　　예) 부모님의 온화한 성품을 그대로 물려받았다.

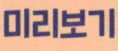

낱말 주제

겉모습과 별명

텔레비전을 보다가 이런 표현을 들어 보았을 거예요.
"꽃미남 배우가 뜬다."

꽃미남 배우, 무슨 뜻인지 알 거예요. 외모가 꽃처럼 잘생긴 배우를 말하는 것이지요.

꽃미남이라는 말은 국어사전에 정식으로 올라 있는 말은 아니에요. 하지만 대부분 사람들이 그 뜻을 알고 있지요.

꽃미남이라는 말은 별명이라고 할 수 있어요. 겉모습에서 만들어진 별명이지요.

친구들 사이에서 키가 큰 아이를 전봇대라고 부르고, 마른 친구를 멸치로 부르는 것도 겉모습을 보고 별명을 지은 거예요.

깨끗하거나 더럽거나, 잘생겼거나 못생겼거나, 키가 크거나 작거나처럼 겉으로 보이는 모습으로 지은 별명에는 어떤 것들이 있을까요?

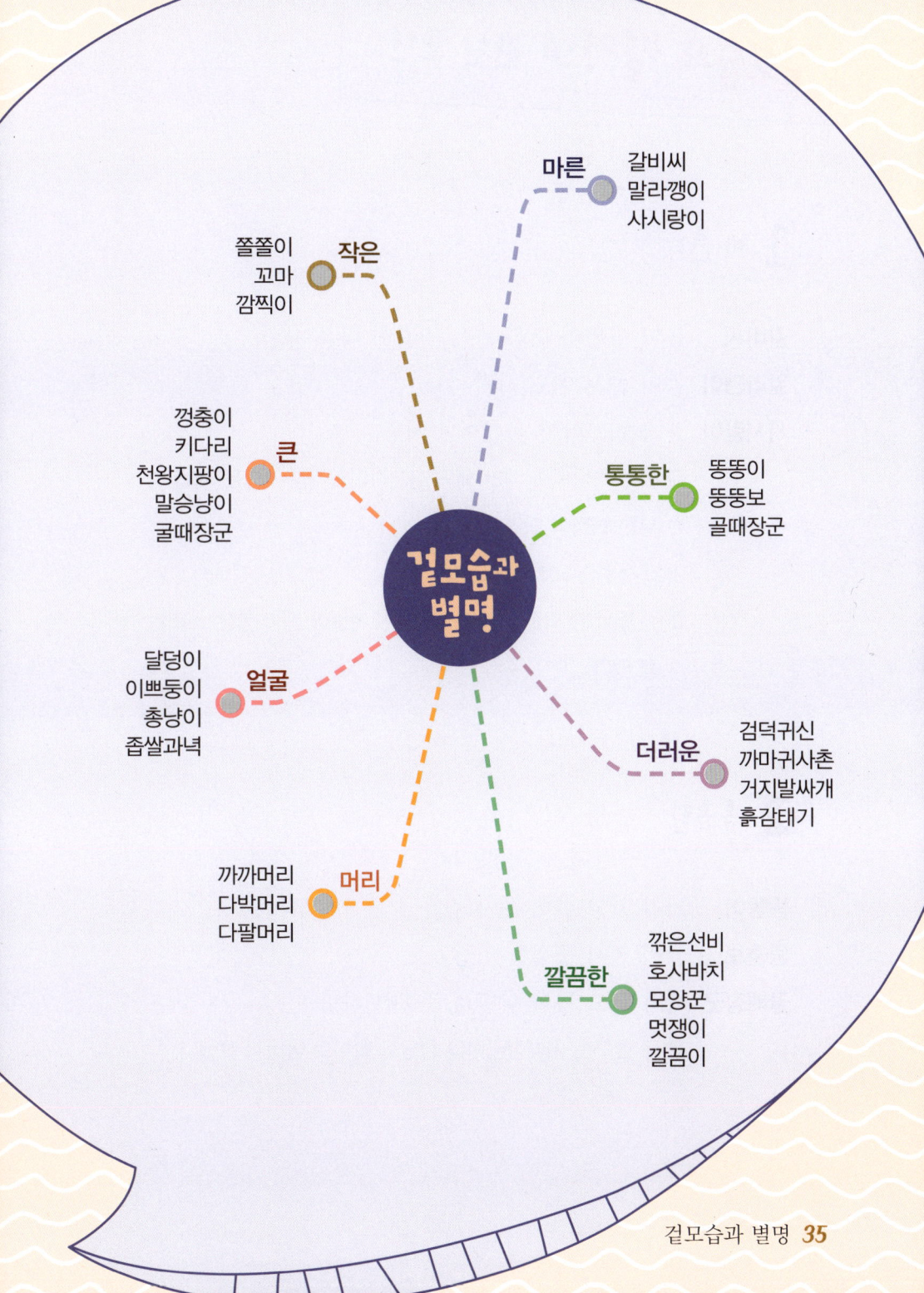

겉모습과 별명에 관한 표현

1 마른

갈비씨   몸이 야위어 뼈만 남은 것같이 마른 사람.

말라깽이   몸이 몹시 여윈 사람.

사시랑이   1. 가늘고 약한 물건이나 사람.

            예) 형은 초등학교 때만 해도 사시랑이였지만 지금은 제법 다부진 체격이 되었다.

            2. 간사한 사람이나 물건.

            예) 선거 때만 되면 사시랑이들이 모여들어 듣기 좋은 소리만 해 댔다.

2 통통한

뚱뚱이   키가 작고 살이 찐 사람.

뚱뚱보   살이 쪄서 뚱뚱한 사람.

골때장군   키가 크고 몸이 남달리 뚱뚱한 사람.

            예) 내 친구는 골때장군이라 형들도 함부로 덤비지 못했다.

3 더러운

검덕귀신 몸이나 얼굴, 옷 따위가 몹시 더러운 사람.
　　　　　예) 장작불에 구운 고구마가 얼마나 맛있던지 얼굴이 검덕귀신이 된 것도 몰랐다.

까마귀사촌 몸에 때가 끼어 시꺼먼 사람.

거지발싸개 몹시 더럽고 추하며 보잘것없는 물건이나 사람을 낮잡아 이르는 말.

흙감태기 온통 흙을 뒤집어쓴 사람이나 물건.
　　　　　예) 갑자기 불어온 모래바람에 흙감태기가 되고 말았다.

4 깔끔한

깎은선비 말쑥하고 단정하게 차린 남자.
　　　　　예) 생김새는 깎은선비 같은데, 하는 짓은 개구쟁이였다.

호사바치 몸치장을 호화롭고 사치스럽게 하는 사람.
　　　　　예) 동생이 호사바치마냥 엄마 목걸이와 반지를 몸에 두르고 자랑을 하였다.

모양꾼 겉모양을 몹시 꾸미고 다니는 사람.

멋쟁이 멋있거나 멋을 잘 부리는 사람.

깔끔이 모양새나 솜씨가 깨끗하고 매끈한 사람.

5 작은

쫄쫄이   키가 작고 옹졸한 사람. 또는 까불기만 하고 소견이 좁은 사람.

꼬마   키가 작은 사람.

깜찍이   1. 몸집이나 생김새가 작고 귀엽게 생긴 사람을 귀엽게 이르는 말.
  - 예) 소영이는 5학년 때까지만 해도 키가 안 커서 깜찍이라 불렸다.

  2. 생각보다 태도나 행동이 영악하게.
  - 예) 어수룩해 보였는데 우리를 깜찍이 속여서 놀랐다.

6 큰

껑충이   키가 큰 사람.

키다리   키가 큰 사람.

천왕지팡이   키가 큰 사람.

말승냥이   키가 볼품없이 크고 성질이 사나운 사람을 비유.
  - 예) 생김새도 성질도 말승냥이 같더니, 이제는 제법 의젓해졌다.

굴때장군   키가 크고 몸이 굵으며 살갗이 검은 사람을 놀림조로 이르는 말.

7 얼굴

달덩이   둥글고 환하게 생긴 사람의 얼굴.

이쁘둥이   예쁜 어린아이. 또는 어린아이를 귀엽게 이르는 말.
        예 우리 이쁘둥이가 내년이면 초등학교에 입학한다.

촛냥이   여우나 이리 따위처럼 눈이 툭 불거지고 입이 뾰족하며 얼굴이 마른 사람.

좁쌀과녁   좁쌀같이 작은 물건을 던져도 빗나가지 않고 잘 맞는 과녁이라는 뜻으로, 얼굴이 매우 큰 사람을 이르는 말.
        예 내 친구는 좁쌀과녁이라 늘 어른 모자를 써야 했다.

8 머리

까까머리   빡빡 깎은 머리 모양을 한 사람.
        예 엄마가 직접 머리를 잘라 주겠다고 나서더니, 오빠는 까까머리가 되고 말았다.

다박머리   다보록한 머리털을 가진 사람.

다팔머리   머리털이 다팔다팔 날리는 사람.
        예 밀짚모자를 눌러쓴 다팔머리가 바로 도깨비였다.

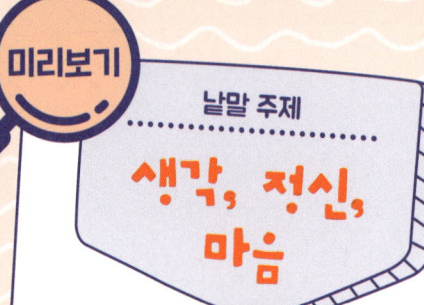

낱말 주제

생각, 정신, 마음

사람이 동물과 가장 큰 차이점은 생각일 거예요. 생각은 머리를 써서 사물을 헤아리고 판단하는 작용이에요. 우리는 생각을 하고, 생각을 실천하고, 생각을 발전시킬 수 있지요. 생각을 통해 현실을 변화시킬 수도 있고, 현실에 없는 것을 만들어 내기도 하니까요.

그럼 마음은 뭘까요?

마음은 본래 지닌 성격이나 품성을 말하기도 하고, 사람이나 사물에 대하여 느껴지는 감정이나 의지·생각 따위를 말하지요.

생각이나 마음과 비슷한 정신도 있어요.

정신은 육체나 물질에 대립되는 영혼이나 마음을 뜻하는데, 사물을 느끼고 생각하고 판단하는 능력으로 풀이할 수 있어요.

생각, 마음, 정신 모두에 느끼고 판단하고 헤아리는 생각이라는 것이 포함되어 있네요. 그래서 우리는 딴생각을 할 때, 딴마음을 먹고 제정신이 아니게 되나 봐요.

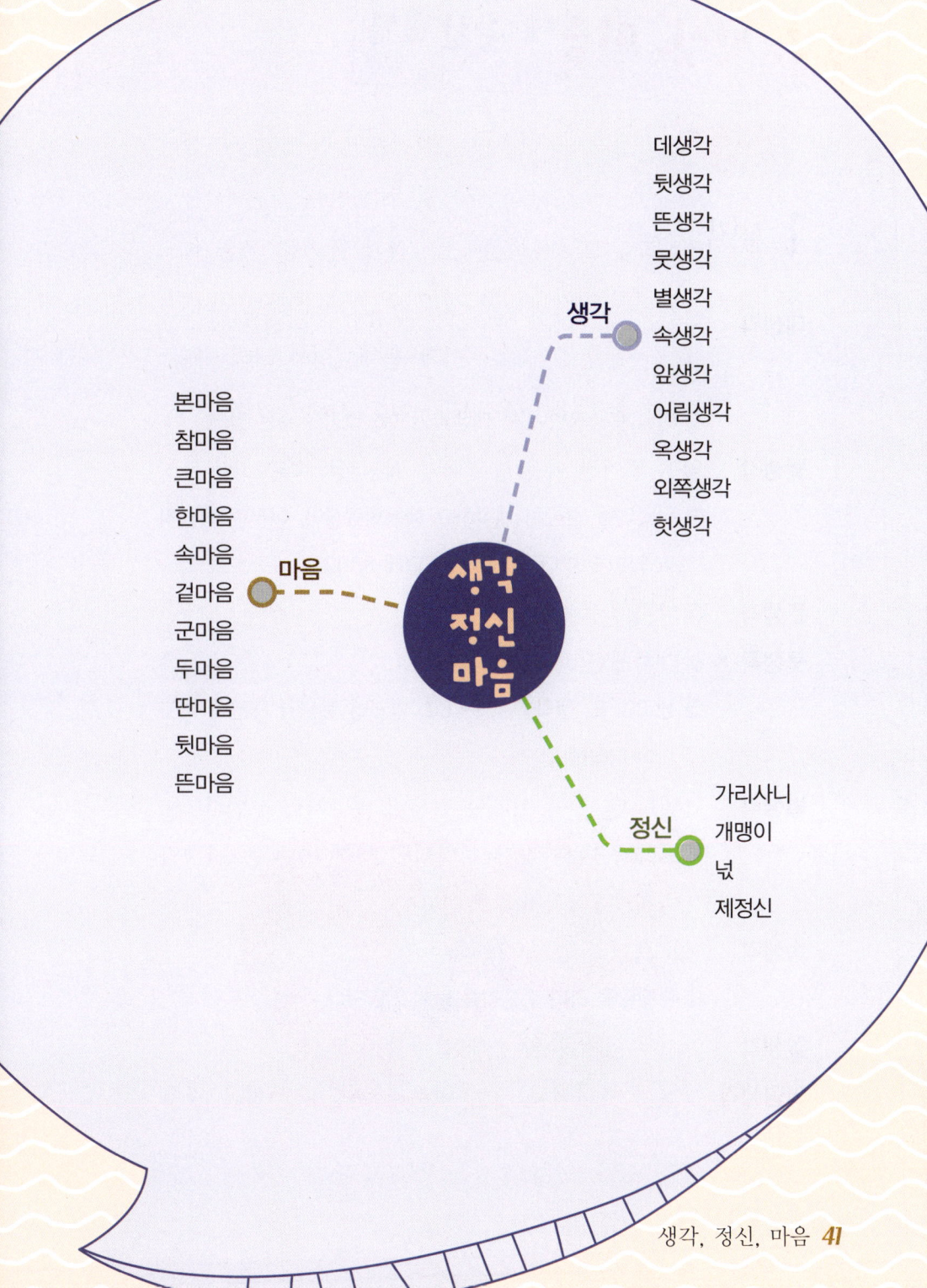

생각, 정신, 마음에 관한 표현

1 생각

데생각 찬찬히 생각하지 아니하고 얼치기로 어설프게 하는 생각.
 예 이렇게 중요한 일을 데생각만으로 결정할 수는 없어.

뒷생각 일이 벌어진 다음에 일어날 일을 생각하는 것.
 예 무엇이든 찬찬히 생각하고 행동하랬잖아. 아무런 뒷생각도 없이 일부터 저지르면 어떻게 하니?

뜬생각 헛되거나 들뜬 생각.

뭇생각 잡다하게 많은 생각.
 예 생각이 또 생각을 낳는다고, 별의별 뭇생각 때문에 머릿속이 복잡했다.

별생각 1. 별다른 생각. 이때는 별생각 없다처럼 쓰인다.
 2. 보통과 다른 갖가지 별의별 생각. 이때는 별생각이 다 나더라처럼 쓰인다.

속생각 남모르게 마음속으로 하는 생각.
 예 혼잣말을 하다 속생각을 들키고 말았다.

앞생각 앞으로 닥쳐올 일에 대한 생각.

어림생각 사실이 아니거나 사실 여부가 분명하지 않은 것을 사실이라고 가정하여 생각하는 것. *가상해 보았다*, *가상의 적*에 쓰인 한자어 *가상*하고 같은 뜻이다.
- 예 커서 무엇이 될지 어림생각해 보는 것도 좋은 방법이다.
- 예 어림생각으로 여러 가지 경우를 추측해 보았다.

옥생각 1. 너그럽지 못하고 좁은 옹졸한 생각.
- 예 사람이 대범한 면이 있어야지, 그런 옥생각으로 무슨 큰일을 하겠니?

2. 공연히 자기에게 해롭게만 받아들이는 그른 생각.
- 예 친구 말을 끝까지 듣지 않고 모두 자기만 미워한다고 옥생각을 하고 말았다.

외쪽생각 상대편의 속은 모르면서 한쪽에서만 하는 생각.

헛생각 아무 보람이나 실속 없이 하는 생각이나, 전혀 실현 가능성이 없는 황당한 생각.

2 정신

가리사니 1. 사물을 판단할 만한 능력.
- 예 네 나이 정도면 가리사니가 있어야지.

2. 사물을 분간하여 판단할 수 있는 실마리.
- 예 곰곰이 생각해 보면 가리사니를 잡을 수 있을 거야.

개맹이 똘똘한 기운이나 정신을 뜻하는 말로, 주로 *개맹이*

없는처럼 소극적이거나 부정적인 뜻을 가진 말과 함께 쓰인다.

넋　1. 사람의 몸에 있으면서 몸을 거느리고 정신을 다스리는 비물질적이고 초자연적인 것.
　　　예 나라를 위해 희생한 분들의 넋을 위로해야지.
　　　2. 정신과 마음.
　　　예 왜 넋을 놓고 있어?
　　　예 꽃에 넋을 팔고 있으면 어떡하니?
　　　예 문화재 속에는 그 나라 사람들의 넋이 담겨 있다.

제정신　자기 본래의 바른 정신.

3 마음

본마음　1. 본디부터 변함없이 그대로 가지고 있는 마음.
　　　예 본마음만 변치 않는다면 뜻한 바를 이룰 것이다.
　　　2. 꾸밈이나 거짓이 없는 참마음.
　　　예 괜찮은 척했지만 그의 본마음은 조금도 괜찮지 않았다.
　　　예 나의 본마음은 그게 아니야. 네가 오해한 거야.

참마음　거짓 없는 진실한 마음.

큰마음　크고 넓게 생각하는 마음씨.

한마음　1. 하나로 합친 마음.

㉑ 한마음으로 뭉치면 잘 해낼 수 있어.

2. 변함없는 마음.

㉑ 엄마는 늘 한마음으로 나를 사랑해 주셨다.

속마음 겉으로 드러나지 아니한 실제의 마음.

겉마음 겉으로만 드러나는 진실하지 않은 마음.

군마음 쓸데없는 생각을 품은 마음.

㉑ 괜한 군마음 먹지 말고 하던 일에 집중해.

두마음 한 사람이 부정적인 방향으로 다른 생각을 하는 마음.

딴마음 1. 주의를 기울이지 않고 다른 것을 생각하는 마음.

㉑ 공부할 때는 공부만 해야지 딴마음을 가지면 안 돼.

2. 처음 먹은 마음과 어긋나거나 배반하는 마음.

㉑ 함께하기로 해 놓고, 이제 와서 딴마음을 먹으면 어떡해?

뒷마음 어떤 일이 끝난 뒤에 가지게 되는 마음이나 생각.

㉑ 어떤 결과가 나와도 후회나 미련 같은 뒷마음은 두지 않기로 했다.

뜬마음 헛되거나 들뜬 마음.

생각, 정신, 마음 **45**

앞에서 생각과 정신, 마음에 대해 알아 봤어요. 그렇다면 그런 생각이나 정신, 마음은 어떤 모습으로 우리의 머리와 마음에 나타날까요?

때로는 신나게 나타나기도 하고, 때로는 짜증 나거나 걱정스럽게 나타나기도 하겠지요?

내 마음에 부끄러움을 안겨 주기도 하고, 잘했다며 믿음직한 모습으로 나타나기도 할 거예요.

우리의 생각과 마음·정신이라는 것이 상황에 따라, 또는 우리의 결정에 따라 넌더리로 나타날 수도 있고, 시들방귀로 나타날 수도 있고, 미쁨으로 나타날 수도 있지요.

걱정이나 부끄러움, 짜증 따위의 여러 가지 감정들을 어떻게 표현해야 할까요? 상쾌한 기분은 어떤 것이고, 유쾌한 기분은 어떤 것일까요? 고소한 기분은요?

머리와 마음에서 일어나는 갖가지 감정들을 어떤 말로 표현할 수 있는지 지금부터 알아 보아요.

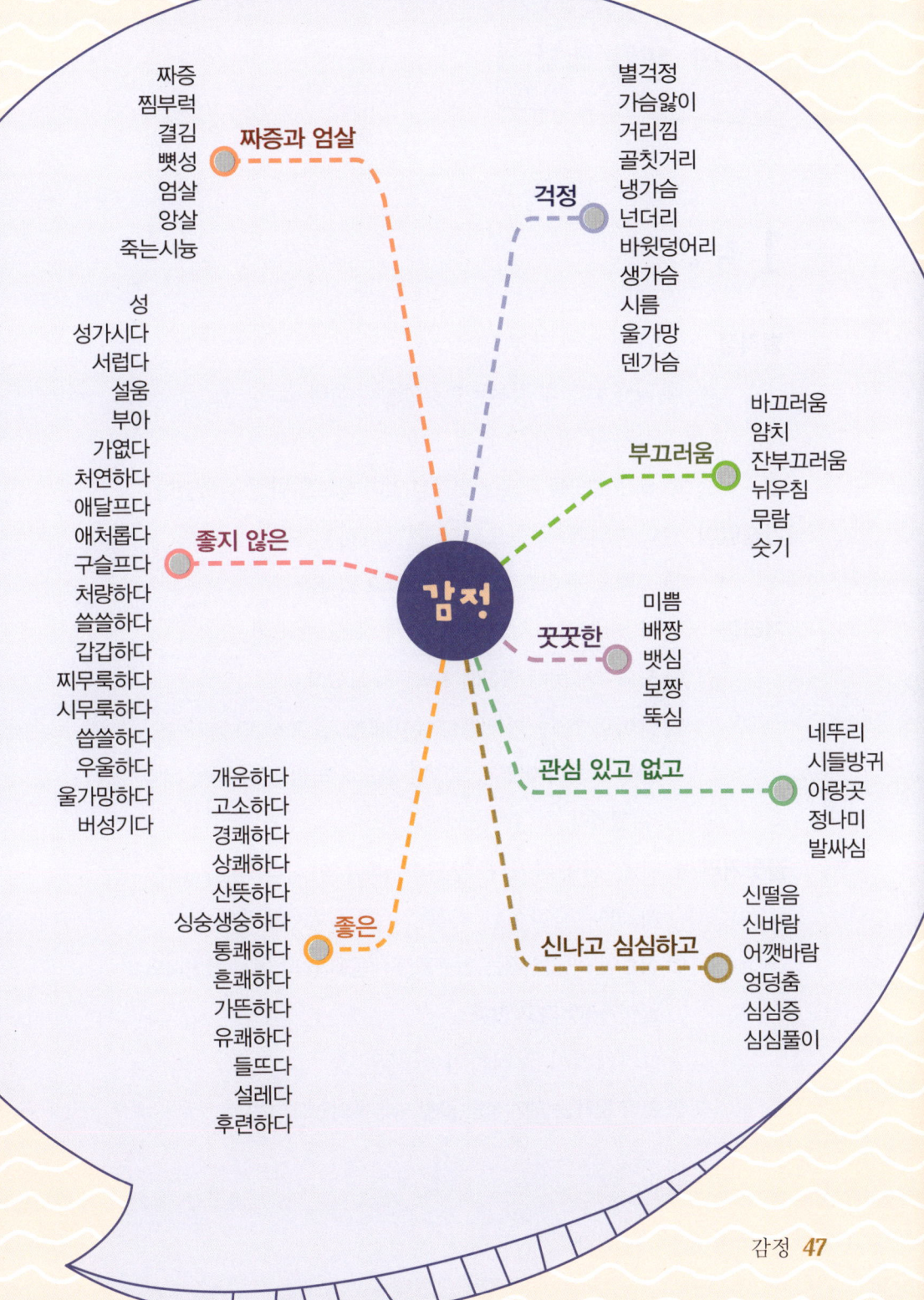

감정에 관한 표현

1 걱정

별걱정　1. 쓸데없는 걱정.
　　　　　예 살짝 긁힌 걸 가지고 별걱정을 다 하네.
　　　　　2. 갖가지 별다른 걱정.
　　　　　예 좋은 친구들 덕분에 별걱정 없이 학교를 마칠 수 있었다.

가슴앓이　안타까워 마음속으로만 애달파하는 일.
　　　　　예 고백도 못 하고 가슴앓이만 하고 있다.

거리낌　1. 마음에 걸려서 꺼림칙하게 생각되는 것.
　　　　　예 도와주지 못해 양심에 거리낌을 느꼈다.
　　　　　2. 일이나 행동 따위를 하는 데에 걸려서 방해가 됨.
　　　　　예 힘을 합치니 어렵게 보였던 일도 거리낌 없이 척척 해낼 수 있었다.

골칫거리　1. 일을 잘못하거나 말썽만 피워 언제나 애를 태우게 하는 사람이나 사물.
　　　　　예 삼촌이 어렸을 때는 친구들과 싸움을 많이 해서 할머니의 골칫거리였다고 한다.
　　　　　2. 성가시거나 처리하기 어려운 일.
　　　　　예 환경 문제는 세계적인 골칫거리가 되었다.

냉가슴 겉으로 드러내지 않고 혼자서 속으로만 끙끙대고 걱정하는 것.
　　　　ⓔ 냉가슴만 앓지 말고 털어놔 봐.

넌더리 지긋지긋하게 몹시 싫은 생각.
　　　　ⓔ 일주일 내내 닭죽만 먹었더니 이제 넌더리가 나서 한동안은 닭을 못 먹을 것 같아.

바윗덩어리 걱정이나 근심을 하게 하는 생각 따위를 비유적으로 이르는 말.
　　　　ⓔ 가슴에 바윗덩어리가 들어 있는 것마냥 답답했다.

생가슴 공연한 근심이나 걱정으로 인하여 상하는 마음.

시름 마음에 걸려 풀리지 않고 항상 남아 있는 근심과 걱정.
　　　　ⓔ 할머니는 우리 얼굴만 보면 온갖 시름이 다 사라지는 것 같다고 하셨다.

울가망 근심스럽거나 답답하여 기분이 나지 않거나 그런 상태.
　　　　ⓔ 친구와 싸운 후 울가망이 되어 집으로 돌아갔다.

덴가슴 어떤 일에 몹시 혼이 난 사람이 그와 비슷한 일에도 놀라 두려워하는 마음.

2 부끄러움

바끄러움　바끄러워하는 느낌이나 마음. 부끄러움과 같은 말이다.

얌치　마음이 깨끗하여 부끄러움을 아는 태도.
　　🔖 얌치 있는 사람이라면 강아지를 버리지 않았을 거야.

잔부끄러움　대수롭지 아니한 사소한 일에도 부끄러워하는 마음.
　　🔖 언니는 잔부끄러움이 많아 쉽게 얼굴이 빨개졌다.

뉘우침　스스로 제 잘못을 깨닫고 가책을 느끼는 일. 또는 그런 마음.

무람　부끄러워하여 삼가고 조심하는 것.
　　🔖 나는 조금의 무람도 없이 무대 위로 올라갔다.

숫기　활발하여 부끄러워하지 않는 기운.
　　🔖 모르는 사람하고도 숫기 좋게 떠들었다.
　　🔖 숫기가 없어서 제 할 말도 못 하고 돌아섰다.

3 꿋꿋한

미쁨　믿음직하게 여기는 마음.
　　🔖 엄마의 미쁨 속에 나는 처음으로 혼자서 할머니 댁을 찾

아갈 수 있었다.

배짱 　1. 마음속으로 다져 먹은 생각이나 태도.
　　　　예 네 일이니까 네 배짱대로 해 보렴.
　　　　2. 조금도 굽히지 않고 버티어 나가는 성품이나 태도.
　　　　예 쓸데없는 배짱일랑 부리지 말고 그만 포기해.

뱃심 　1. 염치나 두려움 없이 제 고집대로 버티는 힘.
　　　　예 아무리 말려도 그 친구는 뱃심으로 밀고 나갔다.
　　　　2. 마음속에 다지는 속셈.
　　　　예 무슨 뱃심인지 도무지 알 수 없었다.

보짱 　마음속에 품은 꿋꿋한 생각이나 일을 잘 헤아리는 마음.
　　　　예 보짱이 제법 있어 보이는 것이 제 할 일은 알아서 잘할 것 같다.

뚝심 　1. 굳세게 버티거나 감당하여 내는 힘.
　　　　예 뚝심이 좋아 어려운 일도 잘 해냈다.
　　　　2. 좀 미련하게 불뚝 내는 힘.
　　　　예 혼자서 괜한 뚝심 부리지 말고 같이 하자.

4 관심 있고 없고

네뚜리 　사람이나 물건 따위를 대수롭지 않게 여김.

㉠ 친구는 선생님 말을 네뚜리로 들었는지 같은 실수를 또 저지르고 말았다.

시들방귀 시들한 사물을 하찮게 여겨 이르는 말.
㉠ 너는 내 말을 시들방귀로 여기니?

아랑곳 일에 나서서 참견하거나 관심을 두는 일.
㉠ 내가 하는 말은 아랑곳 않고 동생은 자기 마음대로만 하였다.

정나미 어떤 대상에 대하여 애착을 느끼는 마음. 흔히 정나미 떨어지다라고 표현한다.

발싸심 어떤 일을 하고 싶어서 안절부절못하고 들먹거리며 애를 쓰는 짓.
㉠ 놀고 싶은 발싸심에 시계만 계속 쳐다봤다.

5 신나고 심심하고

신떨음 신이 나는 대로 실컷 함.
㉠ 노래하고 춤추며 신떨음을 했더니 스트레스가 좀 풀렸다.

신바람 신이 나서 우쭐우쭐하여지는 기운.
㉠ 점점 두둑해지는 용돈에 신바람이 나서 어른들께 넙죽넙죽 절을 하였다.

어깻바람 신이 나서 어깨를 위아래로 으쓱거리며 활발히 움직이는 기운.

엉덩춤 1. 매우 기쁘거나 신이 나서 엉덩이를 들썩들썩하는 짓. 엉덩이춤이라고도 한다.
   예 뜻밖의 선물에 엉덩춤이 저절로 나왔다.
   2. 엉덩이를 흔들며 추는 춤.
   예 동생이 엉덩춤을 추며 애교를 떨었다.

심심증 심심하여 잠시도 못 견디는 마음의 증세.
   예 병원에 누워만 있으려니 심심증이 일어 못 견디겠더라.

심심풀이 심심함을 잊고 시간을 보내기 위하여 하는 일.

6 짜증과 엄살

짜증 마음에 꼭 맞지 아니하여 발칵 화를 내는 짓이나 성미.

찜부럭 몸이나 마음이 괴로울 때 걸핏하면 짜증을 내는 짓.
   예 동생은 피곤했는지 잠을 자며 찜부럭을 부렸다.

결김 1. 화가 난 나머지.
   예 결김에 장난감을 내던지고 말았다.
   2. 정신이 없거나 바쁜 중에 별안간.
   예 결김에 퍼뜩 약속 시간이 떠올랐다.

뼛성 갑자기 발칵 일어나는 짜증.

	예 나도 모르게 뼛성을 냈다가 아빠에게 된통 혼나고 말았다.
엄살	아픔이나 괴로움 따위를 거짓으로 꾸미거나 실제보다 더 아프고 괴로운 척하는 것.
앙살	엄살을 부리며 버티고 겨루는 짓.
	예 동생은 앙살이 통하지 않자 소리 내어 엉엉 울기 시작했다.
죽는시늉	변변찮은 고통이나 곤란에 대하여 엄살을 부리며 하는 몸짓.

7 좋지 않은

성	노엽거나 언짢게 여겨 일어나는 불쾌한 감정.
	예 무엇 때문에 성이 났는지 마구 소리를 지르며 날뛰었다.
성가시다	자꾸 들볶거나 번거롭게 굴어 괴롭고 귀찮다.
서럽다	원통하고 슬프다. 섧다라고도 쓴다.
	예 할머니는 나이 든 것이 서럽다며 눈물을 보이셨다.
설움	서럽게 느껴지는 마음. 서러움과 같은 뜻이다.
부아	노엽거나 분한 마음. 의학 용어로 부아는 허파를 뜻하는 말이기도 하다.
	예 자기 때문에 넘어졌는데 미안해하기는커녕 깔깔거리며 웃는 친구를 보자 부아가 났다.
	예 부아가 치밀어 올랐지만 선생님 앞이라 꾹 참았다.

가엾다 마음이 아플 만큼 안되고 처연하다.

처연하다 애달프고 구슬프다.

애달프다 1. 마음이 안타깝거나 쓰라리다.
  예 라디오에서 들리는 애달픈 사연에 눈물이 났다.
  2. 애처롭고 쓸쓸하다.
  예 할머니의 노랫소리는 애달픈 데가 있다.

애처롭다 가엾고 불쌍하여 마음이 슬프다.

구슬프다 처량하고 슬프다.

처량하다 1. 구슬퍼질 정도로 외롭고 쓸쓸하다.
  예 처량한 울음소리가 귀신의 울음소리 같았다.
  2. 초라하고 가엾다.
  예 떵떵거리던 부자가 순식간에 돈을 모두 잃고 처량한 신세가 되었다.

쓸쓸하다 외롭고 적적하다.

갑갑하다 가슴이나 배 속이 꽉 막힌 듯이 불편하다.

찌무룩하다 마음이 시무룩하여 유쾌하지 않다.
  예 친구가 찌무룩한 얼굴을 하고 있으니 내 기분까지 찌무룩해지는 것 같았다.

시무룩하다 마음에 못마땅하여 말이 없고 얼굴에 언짢은 느낌이 있다.

씁쓸하다 달갑지 아니하여 싫거나 언짢은 기분이 조금 나다.

우울하다 근심스럽거나 답답하여 활기가 없다.

울가망하다 근심스럽거나 답답하여 기분이 나지 않는 상태이다.
　　　　　예) 울가망한 기분으로 무슨 공부를 하겠어.

버성기다 1. 두 사람 사이가 탐탁하지 아니하다.
　　　　　예) 층간 소음 문제로 아랫집과의 사이가 버성기게 되었다.
　　　　2. 분위기 따위가 어색하거나 거북하다.
　　　　　예) 말재주 있는 친구가 오자 버성긴 분위기가 금세 화기애애해졌다.
　　　　3. 벌어져서 틈이 있다.
　　　　　예) 할머니의 버성긴 발뒤꿈치에 엄마가 정성껏 로션을 발라 드렸다.

 좋은

개운하다 기분이나 몸이 상쾌하고 가뜬하다.
고소하다 1. 기분이 유쾌하고 재미있다.
　　　　　예) 할머니의 고소한 이야기에 밤이 깊은 줄 몰랐다.
　　　　2. 미운 사람이 잘못되는 것을 보고 속 시원하고 재미있다.
　　　　　예) 내가 당하니까 고소하지?
경쾌하다 움직임이나 모습, 기분 따위가 가볍고 상쾌하다.

상쾌하다 느낌이 시원하고 산뜻하다.

산뜻하다 기분이나 느낌이 매우 깨끗하고 시원하다.
　　　　　예) 푹 자고 일어났더니 기분이 산뜻했다.

싱숭생숭하다 마음이 들떠서 갈팡질팡하고 어수선하다.
　　　　　예) 친구가 건넨 편지 때문에 싱숭생숭해서 수업에 집중할 수 없었다.

통쾌하다 아주 즐겁고 시원하여 유쾌하다.
　　　　　예) 통쾌한 역전승을 거두었다.

흔쾌하다 기쁘고 유쾌하다.
　　　　　예) 누나가 내 부탁을 흔쾌하게 들어주었다.

가뜬하다 마음이 가볍고 상쾌하다.
　　　　　예) 감기가 다 나았는지 몸이 가뜬했다.

유쾌하다 즐겁고 상쾌하다.

들뜨다 마음이나 분위기가 가라앉지 아니하고 조금 흥분되다.

설레다 마음이 가라앉지 아니하고 들떠서 두근거린다.
　　　　　예) 내일 놀이공원에 갈 생각을 하니 벌써부터 설레어 잠이 오지 않았다.

후련하다 답답하거나 갑갑하여 언짢았던 것이 풀려 마음이 시원하다.
　　　　　예) 잘못을 말하고 났더니 마음이 후련했다.

낱말 주제
말

　뉴스를 보면 가끔 이런 이야기가 나와요.
　"나이 든 농부는 멧돼지 때문에 농사를 망쳤다며 하소연했습니다."
　멧돼지 떼로부터 농작물의 피해를 입은 농민이 자신의 마음을 이야기하는데, 그 말을 하소연이라는 말로 표현하고 있어요.
　하소연, 이 말은 무슨 의미를 담고 있을까요?
　문장을 잘 읽어 보면 하소연에 어떤 의미가 담겨 있는지 대충 알 수 있을 거예요. 왜냐하면 말에는 말을 하는 사람의 감정이나 느낌, 사실 관계 따위가 담기게 되어 있거든요.
　참말과 거짓말이라는 말에는 진실과 거짓이라는 사실 관계가 담겨 있고, 잔소리라는 말에는 듣는 이에 따라 짜증이나 반성·호통 같은 감정을 느끼게 되지요.
　이처럼 말에는 감정이나 사실, 상황 따위를 넣어서 표현하는 말들이 많이 있어요. 지금부터 그 말들을 살펴 볼게요.

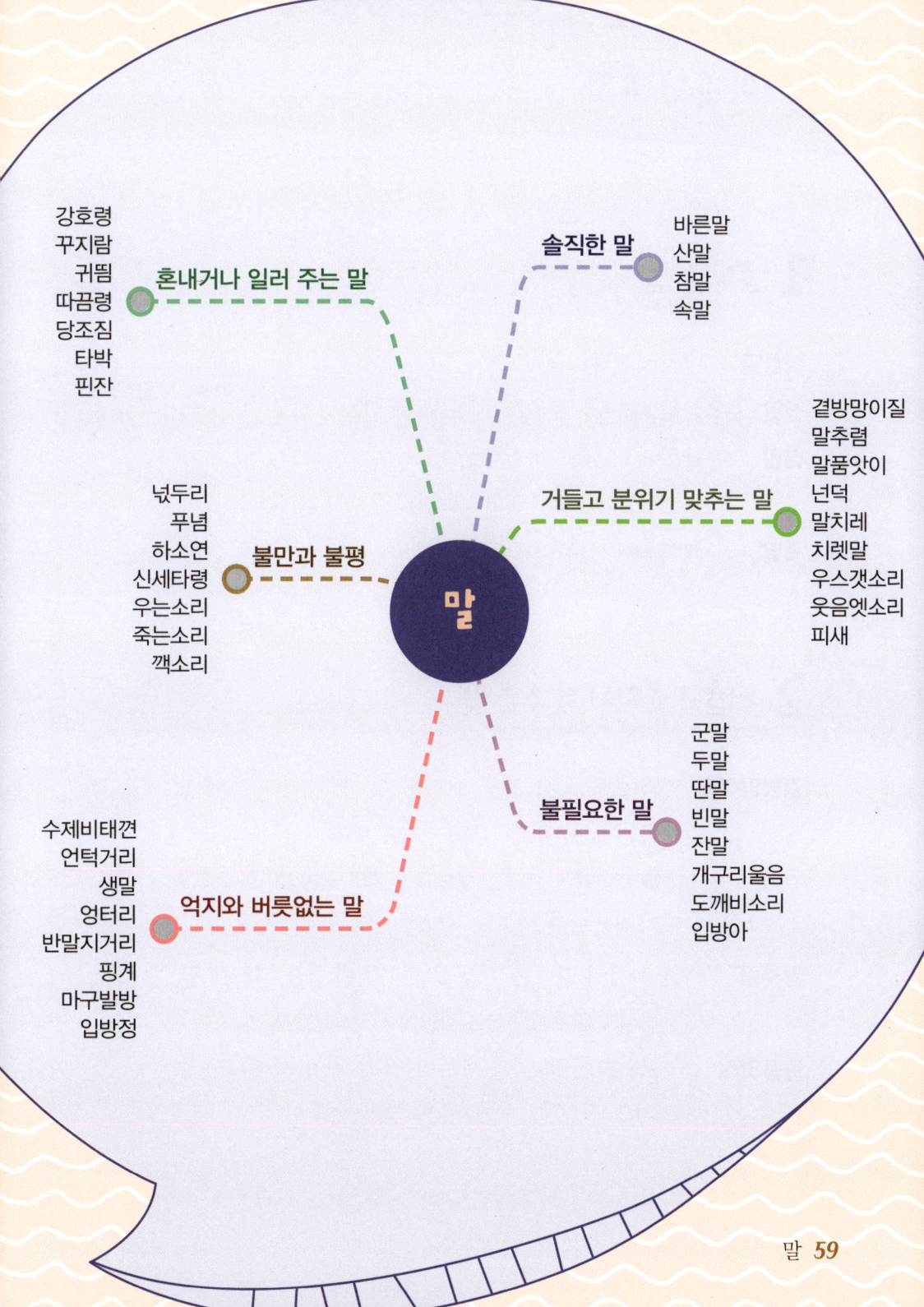

말에 관한 표현

1 솔직한 말

바른말   이치에 맞는 말.

산말   실감 나도록 꼭 알맞게 표현한 말.

참말   사실과 조금도 틀림없는 말.
　　　　 예 만우절이라 누구 말이 참말인지 알 수가 없었다.

속말   속마음에서 우러나오는 말.

2 거들고 분위기 맞추는 말

곁방망이질   남에게 듣기 싫은 소리를 할 때 함께 거들어 말하는 짓을 비유적으로 이르는 말.
　　　　　　 예 엄마에게 혼나는 것보다 동생의 곁방망이질에 더욱 화가 났다.

말추렴   다른 사람이 말하는 데 한몫 끼어들어 말을 거드는 일.
　　　　　 예 너도나도 말추렴을 하는 바람에 시끌시끌했다.

말품앗이   한 사람이 어떤 일에 대하여 말을 하면 상대편이 그 말을 받는 식으로 서로 말을 주고받는 일.

예 말품앗이가 끊이지 않아 학급회의가 길어졌다.

넌덕   너털웃음을 치며 재치 있게 말을 늘어놓는 일.

예 민수의 넌덕에 선생님 화가 풀어졌다.

말치레   실속 없는 말로 꾸미는 일.

예 말치레만 번드르르 늘어놓고 하는 일이 없다.

치렛말   인사치레로 하는 말.

예 선물을 받았으면 치렛말이라도 해야 하는 거 아니야?

우스갯소리   남을 웃기려고 하는 말로, 우스갯말이라고도 한다.

예 두 친구의 어색함을 풀어 보려고 우스갯소리를 늘어놓았다.

웃음엣소리   웃기느라고 하는 말로, 웃음엣말이라고도 한다.

피새   알랑거리며 늘어놓는 말.

예 게임기 한 번 빌리겠다고 아까부터 피새를 떨고 있잖아.

3 불필요한 말

군말   하지 않아도 좋을 쓸데없는 군더더기 말.

예 같은 일을 시켜도 은호는 이래저래 군말이 많았다.

두말   1. 이랬다저랬다 하는 말.

예 같이 한다고 하더니 이제 와서 두말을 하면 어떻게 해?

2. 이러니저러니 불평을 하거나 덧붙이는 말.

딴말   1. 주어진 상황과 아무런 관련이 없는 말.

⑩ 자꾸 딴말하지 말고 묻는 말에나 대답해.

2. 미리 정해진 것이나 본뜻에 어긋나는 말.

⑩ 정말 나 줄 거지? 나중에 딴말하지 않기다?

빈말　실속 없이 헛된 말.

잔말　쓸데없이 자질구레하게 늘어놓는 말.

개구리울음　개구리가 우는 것처럼 시끄럽기만 하고 쓸모없는 말을 비유.

⑩ 개구리울음처럼 쓸데없는 말만 늘어놓느라 결정을 내리지 못했다.

도깨비소리　내용이 없고 사리에 맞지 않는 터무니없는 이야기.

⑩ 도깨비소리 그만하고 사실대로 말해 봐.

입방아　어떤 사실을 화제로 삼아 이러쿵저러쿵 쓸데없이 입을 놀리는 일.

⑩ 별일 아니던 일이 사람들의 입방아 때문에 점점 더 심각해졌다.

4 혼내거나 일러 주는 말

강호령　아무 까닭 없이 꾸짖는 호령.

꾸지람　아랫사람의 잘못을 꾸짖는 말.

	예 늑장을 부리다 꾸지람을 들었다.
귀띔	상대편이 눈치로 알아차릴 수 있도록 미리 슬그머니 일깨워 주는 것.
	예 귀띔을 해 줘도 눈치를 채지 못했다.
따끔령	정신이 번쩍 들도록 따끔하게 내리는 명령.
당조짐	정신을 차리도록 단단히 단속하고 주의를 주는 것.
	예 친구의 실수를 떠벌리지 말라고 선생님이 우리에게 당조짐을 하였다.
타박	허물이나 결함을 나무라거나 핀잔함.
핀잔	맞대어 놓고 언짢게 꾸짖거나 비꼬아 꾸짖는 일.
	예 반찬 투정 때문에 날마다 핀잔을 들었다.

5 불만과 불평

넋두리	불만을 길게 늘어놓으며 하소연하는 말.
	예 친구는 똑같은 넋두리를 계속 늘어놓았다.
푸념	마음속에 품은 불평을 늘어놓음. 또는 그런 말.
	예 엄마는 말 안 듣는 우리들 때문에 속상하다고 푸념하였다.
하소연	억울한 일이나 잘못된 일, 딱한 사정 따위를 간곡히 호소하는 말.
	예 아무리 하소연을 해도 어린애 말이라며 무시했다.

신세타령　자신의 불행한 신세를 넋두리하듯이 늘어놓는 일. 또는 그런 이야기.
　　　　　예 할머니의 신세타령은 시간 가는 줄 몰랐다.

우는소리　엄살을 부리며 곤란한 사정을 늘어놓는 말.
　　　　　예 짝꿍이 숙제 좀 보여 달라고 우는소리를 하였다.

죽는소리　변변찮은 고통이나 곤란에 대하여 엄살을 부리는 말.

깩소리　조금이라도 떠들거나 반항하려는 말이나 태도. 끽소리, 찍소리도 같은 뜻이다. 주로 못 하다, 말다, 없다처럼 부정이나 금지하는 말과 함께 쓴다.
　　　　　예 깩소리 한번 못 할 거면서 왜 나서고 그래?
　　　　　예 깩소리 말고 조용히 있어라.

6 억지와 버릇없는 말

수제비태껸　버릇없이 함부로 대듦. 또는 그런 말.
　　　　　예 젊은이의 수제비태껸에 할아버지는 단단히 화가 나셨다.

언턱거리　남에게 무턱대고 억지로 떼를 쓸 만한 근거나 핑계.
　　　　　예 사람들 하는 말이 아주 언턱거리 없는 얘기는 아닐 거야.
　　　　　예 자꾸 툴툴대며 시비를 거는 모습이 싸움을 걸 만한 언턱거리라도 만들려는 속셈 같았다.

생말　억지로 끌어대는 말.
　　　　예 내가 이 상황을 벗어나기 위해 생말을 지어 낸다는 거야?

엉터리　1. 터무니없는 말이나 행동. 또는 그런 말이나 행동을 하는 사람.
　　　　예 친구 말이 전혀 엉터리는 아니란 것을 눈으로 보고 알았다.
　　　　2. 보기보다 매우 실속이 없거나 실제와 어긋나는 것.
　　　　예 이렇게 엉터리로 해 놓고 다 했다는 거야?
　　　　3. 대강의 윤곽.
　　　　예 겨우 엉터리를 잡고 본격적 작업에 들어갔다.

반말지거리　반말로 함부로 지껄이는 일이나 말투.
　　　　예 어린 녀석이 예의도 없이 반말지거리를 하는구나.

핑계　1. 내키지 않는 일을 피하거나 사실을 감추려고 다른 일을 내세움.
　　　　예 아프다는 핑계로 학원을 빼먹었다.
　　　　2. 잘못한 일에 대하여 이리저리 돌려 말하는 변명.
　　　　예 이런저런 핑계 대지 말고 사실을 말해.

마구발방　분별없이 함부로 하는 말이나 행동.
　　　　예 마구발방으로 소문난 연수가 결국 사고를 치고 말았다.

입방정　버릇없이 수다스럽게 지껄이면서 방정을 떠는 일.
　　　　예 다른 사람 생각 않고 큰 소리로 입방정을 떠는 모습에 얼굴이 찌푸려졌다.

낱말 주제

걸음걸이

종종걸음은 어떤 걸음일까요?

종종종, 종종종.

종종걸음의 뜻을 풀어 보려면 머릿속에 종종종을 그려 보면 돼요. 뭔가 빠르고, 짧은 느낌이 들지 않나요?

두루미걸음도 있어요. 두루미는 다리가 긴 새예요. 그래서 두루미걸음은 긴 다리로 겅둥겅둥 걷는 걸음을 말해요.

진동걸음은 어떤 걸음일까요? 휴대전화 진동 소리를 떠올려 보면 어떤 걸음인지 알 수 있을 거예요.

어떤 사람은 느리게 걷고, 어떤 사람은 빠르게 걸어요. 또 어떤 때는 축 처져 걷고, 어떤 때는 조심조심 걷지요. 사람마다 상황에 따라 걸음걸이가 달라지듯이 걸음을 표현하는 말들도 아주 많답니다.

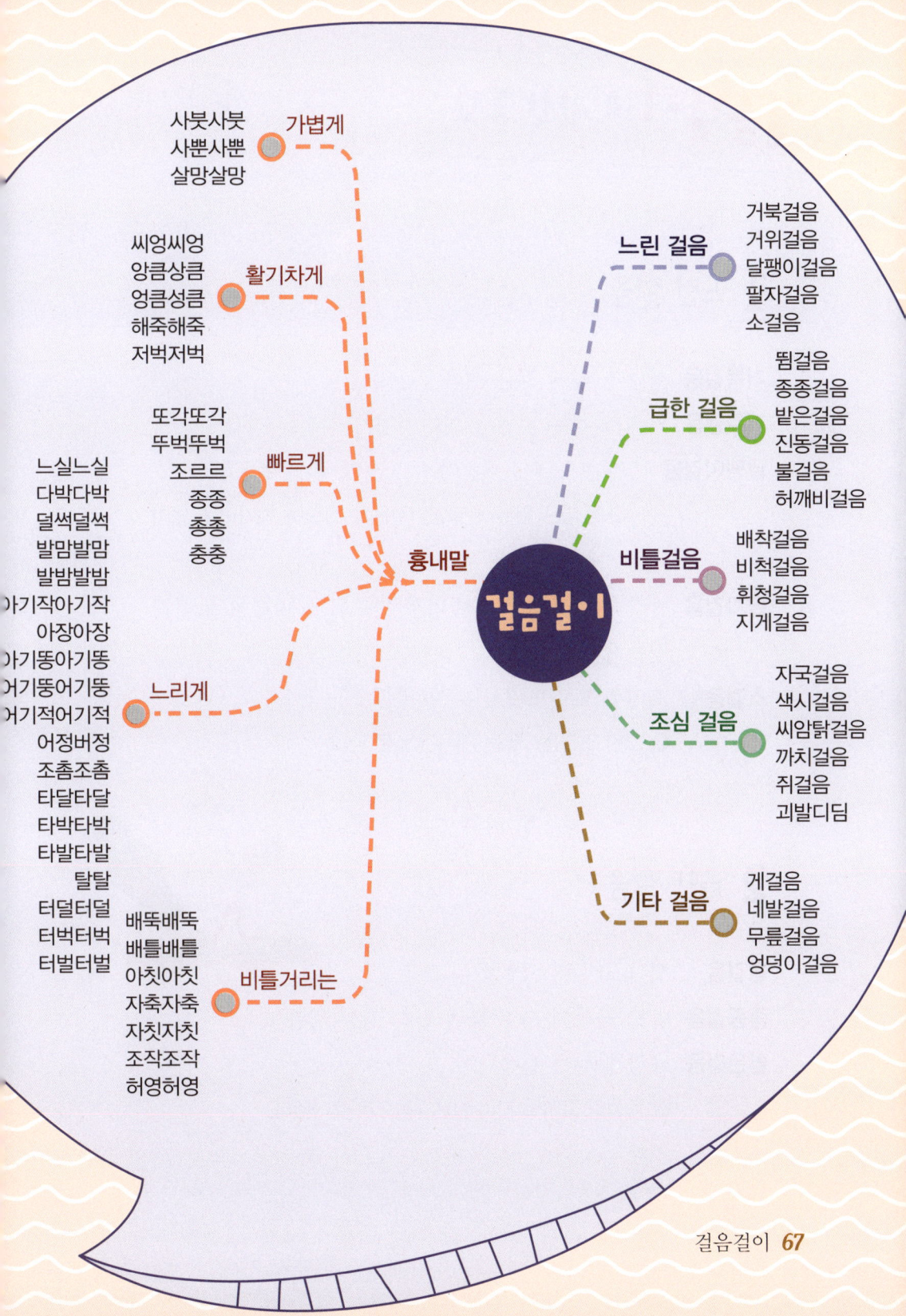

걸음걸이에 관한 표현

1 느린 걸음

거북걸음 아주 느리게 걷는 걸음.
거위걸음 거위가 걷는 것처럼 어기적어기적 걷는 걸음.
달팽이걸음   가는 듯 마는 듯 아주 느리게 걷는 걸음.
　　　　　㉠ 동생은 일부러 달팽이걸음을 걸으며 기다리는 엄마 속을 태웠다.
팔자걸음 발끝을 바깥쪽으로 벌려서 거드름을 피우며 느리게 걷는 걸음.
소걸음 소처럼 느릿느릿 걷는 걸음.
　　　　㉠ 그런 소걸음으로는 제시간에 못 간다.

2 급한 걸음

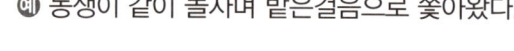

뜀걸음 뛰다시피 빠르게 걷는 걸음.
종종걸음 발을 가까이 자주 떼며 급히 걷는 걸음.
밭은걸음 급하게 걷는 걸음.
　　　　㉠ 동생이 같이 놀자며 밭은걸음으로 쫓아왔다.

진동걸음 바쁘거나 급해서 몹시 서두르며 걷는 걸음.

불걸음 매우 빨리 걷는 걸음.

허깨비걸음 정신없이 허둥지둥 걷는 걸음.

　　　　　예 엄마는 놀라서 허깨비걸음으로 쫓아 나갔다.

3 비틀걸음

배착걸음 다리에 힘이 없어 쓰러질 것같이 배착거리며 걷는 걸음.

　　　　　예 나중에는 힘이 풀려 배착걸음으로 겨우 완주에 성공했다.

비척걸음 몸을 제대로 가누지 못하고 한쪽으로 비틀거리면서 걷는 걸음.

휘청걸음 키가 큰 사람이 다리나 몸을 휘청거리며 걷는 걸음.

지게걸음 몸을 좌우로 기우뚱거리며 걷는 걸음.

　　　　　예 동생이 힙합 춤을 춘다며 지게걸음을 걸었다.

4 조심 걸음

자국걸음 한 발자국씩 조심스럽게 옮겨 다니는 걸음.

　　　　　예 누가 깰까 봐 자국걸음으로 조심조심 냉장고 문을 열었다.

색시걸음 새색시처럼 아주 얌전하고 조심스럽게 걷는 걸음.
> 예 공주 옷을 입은 미라가 색시걸음으로 무대에 등장했다.

씨암탉걸음 아기작아기작 가만히 걷는 걸음.

까치걸음 발뒤꿈치를 들고 살살 걷는 걸음.

쥐걸음 초조한 마음으로 주위를 살피며 자세를 낮추고 살금살금 걷는 걸음.
> 예 쥐걸음으로 몰래 빠져나가려다 선생님께 들키고 말았다.

괴발디딤 고양이가 발을 디디듯이 소리 나지 않게 가만히 조심스럽게 발을 디디는 짓.
> 예 층간 소음 때문에 집에만 오면 괴발디딤으로 걸어야 했다.

5 기타 걸음

게걸음 게처럼 옆으로 걷는 걸음.

네발걸음 엎드려서 손과 발로 걷는 걸음.

무릎걸음 무릎으로 걷는 걸음.
> 예 무릎걸음으로 걸어가 잘못을 빌었다.

엉덩이걸음 바닥에 앉은 채로 궁둥이를 한 짝씩 실룩실룩 걸음을 걷듯 옮겨 놓는 일.
> 예 청소기를 피해 엉덩이걸음으로 옆으로 비켜 앉았다.

6 흉내말

🌱 가볍게

사붓사붓 소리가 거의 나지 아니할 정도로 가볍게 자꾸 옮기는 소리나 모양. 같은 뜻으로 사뿟사뿟, 사풋사풋, 서붓서붓 등의 표현도 있다.
 예 한복을 입으니 색시걸음으로 사붓사붓 걷게 되었다.

사뿐사뿐 소리가 나지 아니할 정도로 잇따라 가볍게 발을 내디디며 걷는 모양. 센 느낌의 사푼사푼도 있다.

살망살망 가늘고 긴 다리를 가볍게 들어 옮기면서 걷는 모양.
 예 동생이 살망살망 모델 흉내를 내며 걸었다.

🌱 활기차게

씨엉씨엉 걸음걸이나 행동 따위가 기운차고 활기 있는 모양.
 예 친구와 놀러 가기 위해 씨엉씨엉 집을 나섰다.

앙큼상큼 작은 걸음으로 가볍고 힘차게 걷는 모양.
 예 아이들의 앙큼상큼 걸음에 눈을 뗄 수가 없었다.

엉큼성큼 큰 걸음으로 가볍고 힘차게 걷는 모양.

해죽해죽 두 팔을 가볍게 내저으며 걷는 모양.

저벅저벅 발을 크고 묵직하게 내디디며 잇따라 걷는 소리나 모양.
 예 동수는 저벅저벅 앞으로 나가 의견을 큰 소리로 말했다.

🌿 빠르게

또각또각 구둣발로 단단한 바닥을 잇따라 급히 걸어가는 소리나 모양.
> 예 또각또각 구둣발 소리가 점점 가까워지고 있었다.

뚜벅뚜벅 발자국 소리를 뚜렷이 내며 잇따라 걸어가는 소리나 모양.

조르르 작은 발걸음을 재게 움직여 걷거나 따라다니는 모양. 좀 더 센 느낌의 쪼르르도 있다.

종종 발걸음을 가까이 자주 떼며 빨리 걷는 모양.

총총 발걸음을 매우 자주 떼며 바삐 걷는 모양.
> 예 수업을 마치자마자 도서실을 향해 총총 걸어갔다.

충충 발걸음을 크게 자주 떼며 바삐 걷는 모양.

🌿 느리게

느실느실 느릿느릿 움직이거나 걷는 모양.

다박다박 조금 느릿느릿 힘없는 걸음으로 걸어가는 모양. 같은 뜻의 타박타박도 있다.
> 예 친구가 어깨가 축 처진 채 다박다박 걸어가고 있었다.

덜썩덜썩 힘없는 걸음으로 계속 느리게 걷는 모양.

발맘발맘 1. 한 발씩 또는 한 걸음씩 길이나 거리를 가늠하며 걷는 모양.
> 예 우리는 공원까지 얼마나 걸리나 발맘발맘 걸어가 보았다.

2. 자국을 살피며 천천히 따라가는 모양.

　　 ㉠ 눈 위에 난 발자국을 따라 발맘발맘 걸어갔다.

발맘발맘 한 걸음 한 걸음 천천히 걷는 모양.

　　 ㉠ 발맘발맘 걸으며 시장을 구경하였다.

아기작아기작 작은 몸집으로 팔다리를 부자연스럽게 움직이며 천천히 걷는 모양.

아장아장 키가 작은 사람이나 짐승이 이리저리 찬찬히 걷는 모양.

아기똥아기똥 작은 몸을 좌우로 둔하게 움직이며 느리게 걷는 모양.

걸음걸이 73

㉠ 걸음마를 뗀 동생이 엄마를 향해 아기뚱아기뚱 걸어 갔다.

어기뚱어기뚱 키가 큰 사람이 몸을 좌우로 둔하게 움직이며 느리게 걷는 모양.

어기적어기적 팔다리를 부자연스럽고 크게 움직이며 천천히 걷는 모양.

㉠ 다리를 다친 친구가 어기적어기적 걸어 다녔다.

어정버정 하는 일 없이 이리저리 천천히 걷는 모양.

조촘조촘 어떤 행동이나 걸음 따위를 망설이며 자꾸 머뭇거리는 모양. 주춤주춤도 같은 뜻.

㉠ 친구는 미안했는지 조촘조촘 다가왔다.

타달타달 지치거나 나른하여 무거운 발걸음으로 힘없이 걷는 소리나 모양.

타박타박 몹시 지치거나 나른하여 힘없이 발을 떼어 놓으며 느리게 걷는 모양.

타발타발 천천히 조금 힘없는 걸음으로 걷는 모양.

㉠ 타발타발 집에 들어와 그대로 눕고 말았다.

탈탈 나른한 걸음걸이로 걷는 모양.

터덜터덜 천천히 힘없는 걸음으로 걷는 모양.

㉠ 주인 잃은 개가 터덜터덜 거리를 헤매고 있었다.

터벅터벅 느릿느릿 힘없는 걸음으로 걸어가는 모양.

터벌터벌 천천히 힘없는 걸음으로 걷는 모양.

🌿 **비틀거리는**

배뚝배뚝 바닥이 고르지 못하거나 한쪽 다리가 짧아서 조금씩 흔들거리며 걷는 모양.
> 예 보도블록이 비스듬하게 놓여 있어서 자꾸만 배뚝배뚝 걷게 되었다.

배틀배틀 힘이 없거나 어지러워서 몸을 잘 가누지 못하고 요리조리 쓰러질 듯이 걷는 모양. 비틀비틀도 같은 뜻.

아칫아칫 어린아이가 이리저리 위태롭게 걸음을 떼어 놓는 모양.
> 예 동생이 정글짐 위를 아칫아칫 걸어 다녔다.

자축자축 다리에 힘이 없어 가볍게 다리를 절며 걷는 모양.
> 예 높은 산에 올랐다 내려온 주안이는 기운이 없어 자축자축 걸었다.

자칫자칫 젖먹이가 걸음발 타듯이 서툰 걸음으로 주춤거리며 자꾸 걷는 모양.
> 예 걸음마를 뗀 동생이 자칫자칫하면서 다가왔다.

조작조작 처음 걸음을 걷기 시작하는 어린아이가 자꾸 배틀거리며 귀엽게 걷는 모양.

허영허영 아프고 난 것처럼 걸음걸이가 기운이 없어 쓰러질 듯이 비틀거리는 모양.

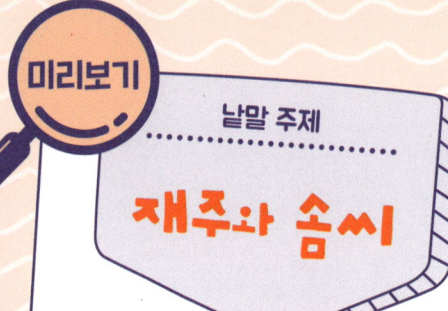
낱말 주제
재주와 솜씨

흔히 아나운서에게 언변이 뛰어나다고 말해요.

언변이란 말을 잘하는 솜씨나 재주를 말해요. 한마디로 아나운서는 말재주가 좋은 사람이지요.

그렇다면 배우에게 꼭 필요한 재주는 무엇일까요? 외모나 연기력도 중요하지만, 그들에게 꼭 필요한 재주는 욀재주일 거예요.

범인을 잡아야 하는 경찰에게는 눈총기가 있어야 하고, 개그맨한테는 넌덕스러움이 필요할 거예요. 그리고 많은 사람들이 너울가지가 있었으면 하고 바라지요.

우리말에는 말재주, 글재주, 손재주 등 재주나 솜씨를 표현하는 다양한 말들이 있어요. 욀재주, 눈총기, 넌덕스럽다, 너울가지도 그런 표현들 중 하나이지요.

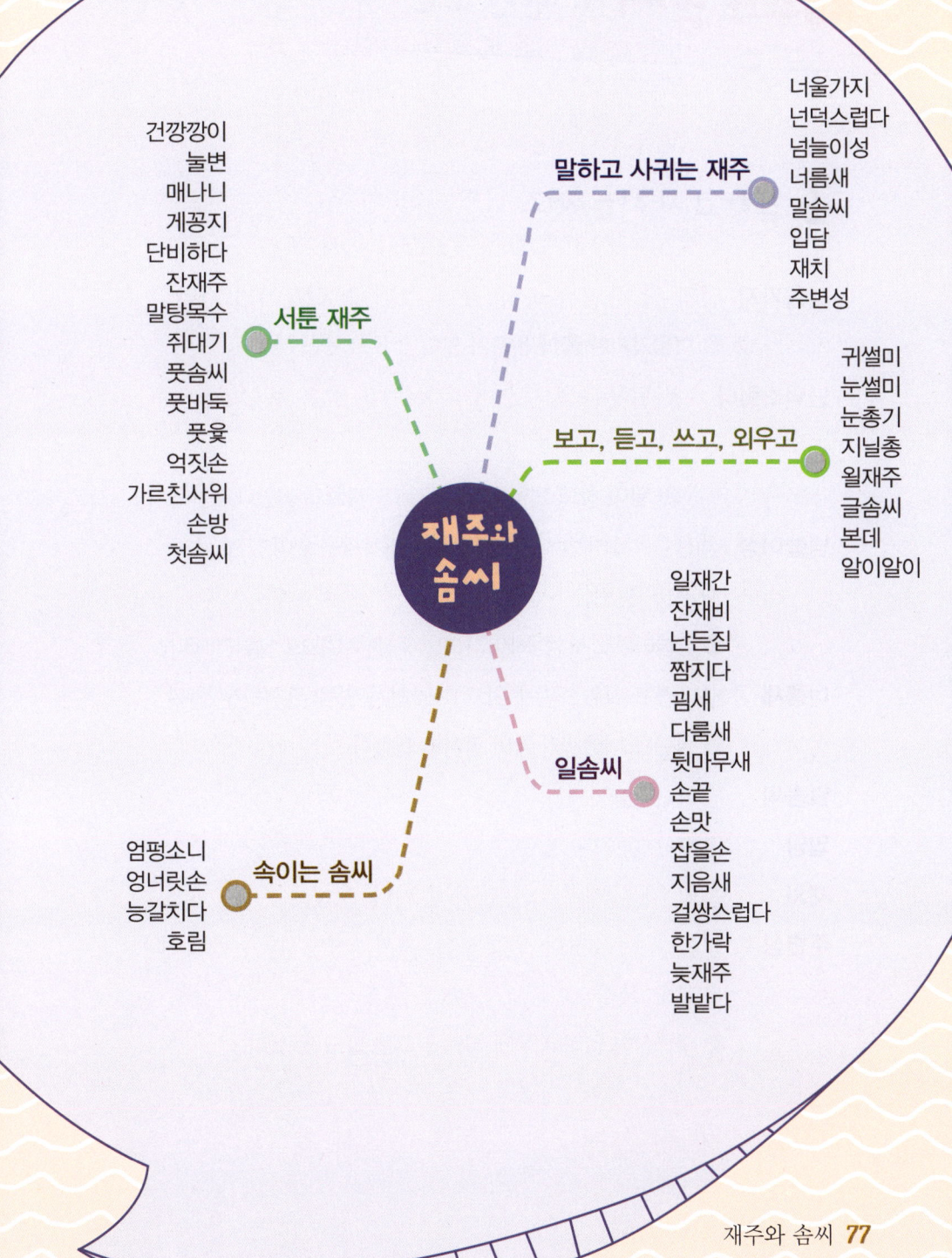

재주와 솜씨에 관한 표현

1 말하고 사귀는 재주

너울가지 남과 잘 사귀는 솜씨. 또는 그런 솜씨를 가진 사람.
　　　　　　예) 너울가지가 좋아 친구가 많다.

넌덕스럽다 너털웃음을 지으며 재치 있는 말을 늘어놓는 재주가 있다.
　　　　　　예) 말이 하도 넌덕스러워 금세 빠져들고 말았다.

넘늘이성 점잔을 지키면서도 말이나 행동을 재미있게 하는 재주나 성질.
　　　　　　예) 넘늘이성 있게 행동해야지 그렇게 천방지축으로 날뛰면 되니?

너름새 너그럽고 시원스럽게 말로 떠벌려서 일을 주선하는 솜씨.
　　　　　　예) 삼촌은 너름새가 좋아 장사를 잘했다.

말솜씨 말하는 솜씨.

입담 말하는 솜씨나 힘.

재치 눈치 빠른 재주나 능란한 솜씨나 말씨.

주변성 일을 주선하거나 변통하는 솜씨. 돌림성, 두름성이라고도 한다.
　　　　　　예) 주변성이 없어 지우개 빌려 달라는 말도 못 했다.

2 보고, 듣고, 쓰고, 외우고

귀썰미 한 번만 들어도 잊지 아니하는 재주.
  예 귀썰미가 좋아 노래를 금방 외웠다.

눈썰미 한두 번 보고 곧 그대로 해내는 재주.
  예 눈썰미가 있어 금방 따라 할 수 있었다.

눈총기 눈으로 본 것을 잊지 않고 잘 기억하는 재주.

지닐총 보거나 들은 것을 잊지 아니하고 오래 지니는 재주.
  지닐재주라고도 한다.
  예 지닐총이 좋아 오래전 일도 잘 기억하고 있었다.

욀재주 잘 외는 재주.

글솜씨 글을 쓰는 솜씨.

본데 보아서 배운 범절이나 솜씨 또는 지식.
  예 본데없이 굴지 말고 제대로 인사하렴.

알이알이 어린아이들의 나날이 늘어나는 재주.
  예 말을 배우기 시작한 동생의 알이알이에 놀랐다.

3 일솜씨

일재간 일을 해 나가는 재주와 솜씨.

잔재비 자질구레한 일을 아주 잘하는 손재주.

예 잔재비가 좋아 이것저것 잘 만들어 냈다.

난든집 손에 익어서 생긴 재주.
예 할머니는 난든집이 생겨서 옷을 보지 않고도 뚝딱 만들어 냈다.

짬지다 일하는 솜씨가 여물고 깐깐하다.
예 할머니는 손끝이 짬져서 된장도 손수 담그신다.

굄새 그릇에 떡이나 과일 따위를 높이 쌓아 올리는 솜씨. 고임새라고도 한다.
예 제사 때면 굄새가 좋은 아빠가 나서서 상을 차렸다.

다룸새 다루는 솜씨나 모양새.

뒷마무새 일의 뒤끝을 맺는 솜씨나 모양새.

손끝 손을 놀려 하는 일솜씨.
예 손끝이 야무지다.

손맛 음식을 만들 때 손으로 만들어 내는 솜씨에서 우러나오는 맛.
예 할머니의 손맛은 동네가 다 알아줄 정도로 뛰어났다.

잡을손 일을 다잡아 해내는 솜씨.
예 할아버지는 잡을손이 좋아 닭장도 손수 만드셨다.

지음새 무엇을 지어 놓은 솜씨나 그 모양새.
예 엄마를 따라 인형을 만든 동생의 지음새가 제법이었다.

걸쌍스럽다 일솜씨가 뛰어나거나 먹음새가 좋아서 탐스러운 데가 있다. 먹음새는 먹는 모습을 뜻한다.

> **예** 할아버지와 아빠는 몇 시간 만에 원두막을 걸쌍스럽게 만들어 냈다.

한가락 어떤 방면에서 썩 훌륭한 재주나 솜씨.

늦재주 뒤늦게 트인 재주.

발밭다 1. 기회를 놓치지 않고 재빠르게 붙잡아 이용하는 소질이 있다.
> **예** 물건을 고르던 엄마는 이때다 싶었는지 발밭게 가격 흥정에 나섰다.

2. 그때그때의 사정과 형편을 보아 적절하게 일을 처리하는 재주가 있다.
> **예** 발밭게 일을 해야지 미련하게 계속 붙잡고 있으면 어떡하니?

4 서툰 재주

건깡깡이 1. 아무 목표나 별다른 재주도 없이 건성건성 살아 감. 또는 그런 사람.
> **예** 건깡깡이로 그렇게 있지 말고 뭐라도 배워라.

2. 아무 기술이나 기구 따위 없이 맨손으로 하는 일. 또는 그런 사람.
> **예** 건깡깡이로도 땔나무를 한 짐 해 왔다.

눌변 더듬거리는 서툰 말솜씨.

예 모르는 사람 앞에만 가면 눌변이 되었다.

매나니 무슨 일을 할 때 아무 도구도 가지지 아니하고 맨손뿐인 것.

예 매나니로 나무를 어떻게 베겠다는 거야?

예 호미가 없어 매나니로 풀을 뽑았다.

게꽁지 지식이나 재주 따위가 아주 짧거나 보잘것없음을 비유.

예 그는 게꽁지만 한 지식으로 아는 체를 했다.

단비하다 팔이 짧다는 뜻으로, 재주가 부족함을 비유.

예 단비한 재주지만 열심히 하려고 노력했다.

잔재주 1. 얕은 재주.

예 그 정도는 잔재주에 불과하다.

2. 자질구레한 일을 잘하는 재주.

예 잔재주가 많아 다방면에서 솜씨를 발휘했다.

말탕목수 솜씨가 별로 좋지 아니한 목수.

예 목공을 배우기 시작한 아빠는 말탕목수였지만 의자를 정성껏 만들었다.

쥐대기 솜씨가 서투른 풋내기 장인.

예 도공이 된 지 10년이 넘었지만 아직 쥐대기라오.

풋솜씨 익숙하지 못한 솜씨.

예 풋솜씨지만 엄마를 돕겠다고 사방팔방 물을 튀기며 신발을 빨았다.

풋바둑 배운 지 얼마 안 되는 서투른 바둑 솜씨.

풋윷 익숙하지 못한 윷 솜씨.

억짓손 무리하게 억지로 해내는 솜씨. 악짓손이라고도 한다.
  예 억짓손으로 일을 하려 하더니 결국 탈이 나고 말았다.

가르친사위 창조성 없이 무엇이든지 남이 가르치는 대로만 하는 사람을 낮잡아 이르는 말.
  예 재미를 못 느껴서 그러는지 가르친사위마냥 배운 것만 하려고 하고 새로운 것은 알려고 하지 않는다.

손방 아주 할 줄 모르는 솜씨.
  예 주방 일에는 아주 손방이었다.

첫솜씨 경험 없는 사람이 처음으로 손을 대서 하는 솜씨.

5 속이는 솜씨

엄펑소니 의뭉스럽게 남을 속이거나 골리는 짓. 또는 그런 솜씨.
  예 엄펑소니 하나는 타고나서 몇 번이고 속여 넘겼다.

엉너릿손 엉너리로 사람을 그럴듯하게 꾀어 넘기는 솜씨.
  예 엉너릿손으로 남을 속이려는 스팸 문자들이 많이 들어왔다.

능갈치다 교묘하게 잘 둘러대는 재주가 있다. 아주 능청스럽다.

호림 남을 꾀어 호리는 일. 또는 그런 솜씨나 수단.
  예 친구 호림에 넘어가고 말았다.

미리보기

낱말 주제

웃음

볼웃음은 소리를 내지 아니하고 볼 위에 표정으로 드러내는 웃음을 말해요. 기분이 좋을 때 자기도 모르게 지어지거나, 아기나 꽃처럼 예쁘고 아름다운 것을 봤을 때 짓게 되는 웃음이 볼웃음이지요.

우리는 언제 웃을까요? 보통은 재미난 것을 봤을 때, 기분 좋을 때 웃음이 나와요. 하지만 때로는 기분 나쁠 때도 웃고 슬플 때도 웃고, 웃지 않으려는 웃음도 있고 일부러 웃는 웃음도 있어요.

일부러 웃는 웃음을 겉으로 웃는다고 하여 겉웃음 또는 억지로 웃는다고 해서 억지웃음이라고 해요. 이처럼 웃음에도 사람의 감정이 담기기 때문에 웃음을 나타내는 표현도 여러 가지지요.

'하하, 호호' 말고도 웃음소리를 나타내는 흉내말 또한 아주 많답니다.

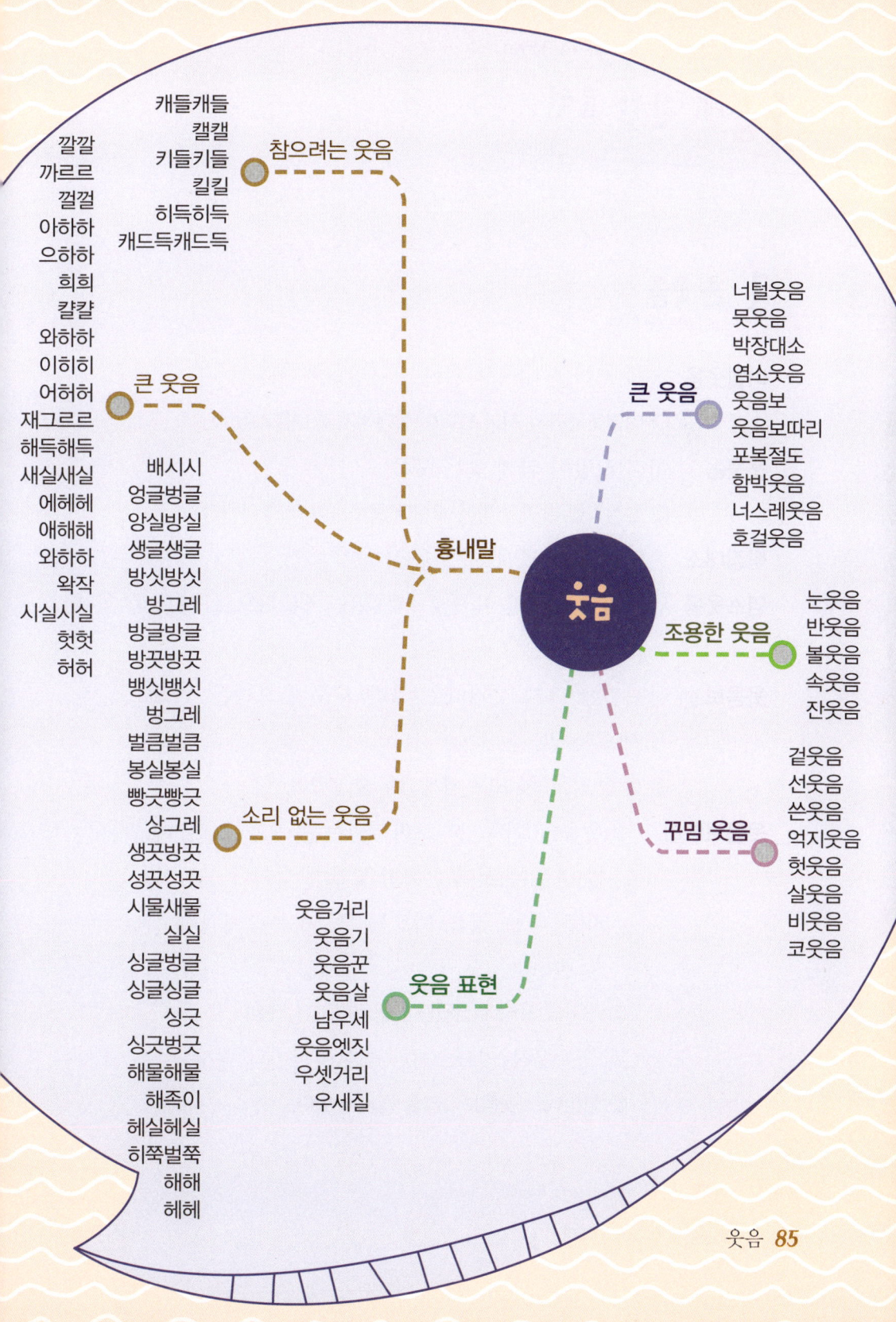

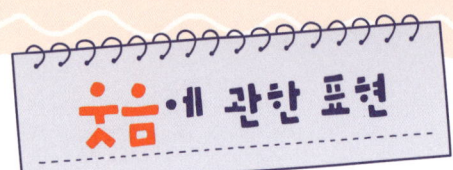
웃음에 관한 표현

1 큰 웃음

너털웃음 크게 소리를 내어 시원하고 당당하게 웃는 웃음.
　　　　　예 너털웃음까지 지어 보이며 할아버지 흉내를 내었다.

뭇웃음 여러 사람이 함께 웃는 웃음.
　　　　예 갑작스런 방귀 소리에 교실에 뭇웃음이 터져 나왔다.

박장대소 손뼉을 치며 크게 웃는 웃음.

염소웃음 염소처럼 채신없이 웃는 웃음을 비유적으로 이르는 말.

웃음보 한꺼번에 크게 웃거나 잇따라 자꾸 웃으려는 웃음을 이르는 말.
　　　　예 한 번 터진 웃음보는 쉽게 그칠 줄 몰랐다.

웃음보따리　1. 웃음이 가득 찬 보따리라는 뜻으로, 웃음이 많이 쌓여 있어 한꺼번에 크게 웃거나 웃음이 자꾸 나는 것을 이르는 말. 웃음주머니라고도 한다.
　　　　예 친구의 표정에 참았던 웃음보따리가 터졌다.
　　　　2. 웃음을 불러일으키는 이야깃거리나 대상.
　　　　예 할머니가 웃음보따리를 풀어 놓았다.

포복절도   배를 그러안고 넘어질 정도로 몹시 웃는 것.
　　　　　　예 민수의 개그맨 흉내에 반 친구들 모두 포복절도했다.

함박웃음   크고 환하게 웃는 웃음.

너스레웃음   너스레를 떨면서 웃는 웃음.
　　　　　　예 너스레웃음을 지으며 계속 흉내를 내었다.

호걸웃음   호탕한 웃음.
　　　　　　예 할아버지는 껄껄 호걸웃음으로 내 실수를 눈감아 주셨다.

2 조용한 웃음

눈웃음   소리 없이 눈으로만 가만히 웃는 웃음.
　　　　　　예 아빠는 기특하다는 듯 나를 향해 눈웃음을 지었다.

반웃음   크게 웃지는 아니하고 얼마쯤 웃는 가벼운 웃음.
　　　　　　예 반웃음을 지으며 쪽지를 건넸다.

볼웃음   입을 벌리거나 소리를 내지 아니하고 볼 위에 표정으로 드러내는 웃음.
　　　　　　예 붉게 물든 노을을 보니 절로 볼웃음이 지어졌다.

속웃음   겉으로 드러내지 아니하고 속으로 웃는 웃음.
　　　　　　예 기분이 좋아 자꾸 속웃음이 지어졌다.

잔웃음   잔잔한 웃음.

3 꾸밈 웃음

겉웃음   마음에도 없이 겉으로만 웃는 웃음.

선웃음   우습지도 않은데 꾸며서 웃는 웃음.
    ㉠ 똑같은 얘기를 몇 번 들었더니 재미있지도 않고 그저 선웃음만 나왔다.

쓴웃음   어이가 없거나 마지못하여 짓는 웃음.

억지웃음   웃기 싫은 것을 억지로 웃는 웃음.
    ㉠ 억지웃음을 지어 보이며 분위기를 맞췄다.

헛웃음   마음에 없이 지어서 웃는 웃음이나, 어이가 없어서 피식 웃는 웃음.

살웃음   일부러 볼살을 움직이며 얼굴 표정을 지어서 웃는 웃음.
    ㉠ 괜찮다며 살웃음을 지어 보였다.

비웃음   흉을 보듯이 빈정거리거나 무시하는 웃음.

코웃음   콧소리를 내거나 코끝으로 가볍게 웃는 빈정거리는 웃음.
    ㉠ 그 정도는 식은 죽 먹기라며 코웃음을 쳤다.

4 웃음 표현

웃음거리   남으로부터 비웃음과 놀림을 받을 만한 일. 또는 그런 사람.

         예 말이 꼬여 웃음거리가 되고 말았다.

웃음기   웃다가 아직 가시지 아니한 웃음의 흔적. 또는 웃으려는 기색.

         예 웃음기가 쉽게 가시지 않아 계속 입꼬리가 씰룩였다.

웃음꾼   남에게 웃음을 주는 사람.

웃음살   웃음으로 얼굴에 번지는 환한 기운.

         예 설레는 마음에 절로 웃음살이 번졌다.

남우세   남에게 비웃음과 놀림을 받게 됨. 또는 그 비웃음과 놀림.

         예 제대로 준비하지 못하면 발표회 날 남우세를 받게 될 거야.

웃음엣짓   웃기느라고 하는 짓.

우셋거리   비웃음을 살 만한 거리.

         예 괜한 일에 나섰다가 동네 사람들의 우셋거리가 되고 말았다.

우세질   비웃음을 받는 일.

         예 제멋대로 굴다 이웃들에게 우세질을 당할까 걱정되었다.

5 흉내말

🌿 참으려는 웃음

캐들캐들 웃음을 걷잡지 못하여 조금 높고 날카롭게 입 속으로 자꾸 웃는 소리와 모양.
　　　　예 텔레비전을 보던 아빠가 캐들캐들 웃었다.

캘캘 웃음을 억지로 참으면서 입 속으로 조금 새되게 웃는 소리와 모양. 깰깰도 같은 뜻.

키들키들 웃음을 진정시키지 못하여 입 속으로 잇따라 웃는 소리. 또는 모양.

킬킬 웃음을 억지로 참으면서 입 속으로 웃는 소리. 또는 모양. 낄낄이라고도 한다.

히득히득 자꾸 가볍고 실없이 웃는 소리. 또는 모양.
　　　　예 재미난 일이라도 있었는지 혼자서 히득히득 웃었다.

캐드득캐드득 참다못하여 조금 높고 날카롭게 자꾸 새어 나오는 웃음소리나 모양.

🌿 큰 웃음

깔깔 큰 소리로 못 참을 듯이 웃는 소리.

까르르 주로 여자나 아이들이 한꺼번에 자지러지게 웃는 소리나 모양.
　　　　예 여자 친구들이 까르르 웃으며 교실로 들어왔다.

껄껄   매우 시원스럽고 우렁찬 목소리로 못 참을 듯이 웃는 소리.

아하하   거리낌 없이 크고 떠들썩하게 웃는 소리나 모양.

으하하   입을 크게 벌리며 거리낌 없이 크게 웃는 소리나 모양.
   예 으하하! 저것 좀 봐.

희희   바보같이 웃는 소리나 모양.

캴캴   높고 날카로운 목소리로 못 참을 듯이 웃는 소리.
   예 캴캴, 저것 좀 봐. 엄청 웃기게 생겼어.

와하하   거리낌 없이 크고 떠들썩하게 웃는 소리나 모양.

이히히   자지러질 듯이 크게 웃는 소리. 또는 익살맞거나 어리석게 웃는 소리.

어허허   점잖게 너털웃음을 웃는 소리.
   예 할아버지가 어허허 웃으며 손자의 어리광을 받아 주었다.

재그르르   여러 사람이 한꺼번에 자지러지게 웃는 모양.
   예 친구들이 재그르르 웃는데도 민호는 아랑곳하지 않았다.

해득해득   자꾸 가볍고 경망스럽게 웃는 소리나 모양.

새실새실
1. 점잖지 아니하게 자꾸 까불며 웃는 모양.
   예 자꾸 새실새실하지 말고 얌전히 좀 있어라.
2. 생글생글 웃으면서 재미있게 자꾸 지껄이는 모양.
   예 새실새실 농담을 주고받았다.

에헤헤	1. 가소롭다는 듯이 웃는 웃음소리. ⑩ 에헤헤, 그것도 못 하냐? 2. 천하고 비굴하게 웃는 웃음소리. ⑩ 에헤헤, 나리께서 최고이십니다. 에헤헤!
애해해	얄망궂고 되바라지게 웃는 소리와 모양. ⑩ 장난을 치고 애해해 웃으며 도망쳤다.
와하하	거리낌 없이 크고 떠들썩하게 웃는 소리와 모양. ⑩ 코미디를 보면서 모두 와하하 웃음을 터뜨렸다.
왁작	여럿이 매우 어수선하게 떠들거나 웃는 소리와 모양. 자꾸 반복되면 왁작왁작이라고 한다.
시실시실	점잖지 아니하게 자꾸 실없이 까불며 웃는 모양.
헛헛	입을 크게 벌리고 웃는 소리와 모양.
허허	입을 동글게 벌리고 거리낌 없이 크게 웃는 소리와 모양.

🌱 소리 없는 웃음

배시시	입을 조금 벌리고 소리 없이 가볍게 웃는 모양. ⑩ 아기가 잠결에 배시시 웃었다.
엉글벙글	어린아이가 소리 없이 탐스럽게 웃는 모양. 엉글엉글, 앙글방글도 비슷한 뜻. ⑩ 손자가 엉글벙글 웃는 모습에 할아버지는 웃음이 절로 나왔다.

앙실방실 어린아이가 소리 없이 귀엽고 환하게 웃는 모양.

생글생글 눈과 입을 살며시 움직이며 소리 없이 정답게 자꾸 웃는 모양.

방싯방싯 입을 예쁘게 벌리며 소리 없이 가볍고 보드랍게 자꾸 살짝살짝 웃는 모양.
　　㉠ 놀러 갈 생각을 하니 웃음이 방싯방싯 터져 나왔다.

방그레 입만 예쁘게 살짝 벌리고 소리 없이 보드랍게 웃는 모양.

방글방글 입을 조금 벌리고 소리 없이 자꾸 귀엽고 보드랍게 웃는 모양.

방끗방끗 입을 예쁘게 약간 벌리고 자꾸 소리 없이 가볍게 웃는 모양.

뱅싯뱅싯 입을 살며시 벌릴 듯하면서 소리 없이 가볍고 온화하게 자꾸 웃는 모양.
　　㉠ 선생님이 뱅싯뱅싯 웃으며 반 아이들을 하나하나 바라보았다.

벙그레 입을 조금 크게 벌리고 소리 없이 부드럽게 웃는 모양.

벌큼벌큼 입을 벌쭉이며 벌름벌름 웃는 모양.

봉실봉실 소리 없이 조금 입을 벌리고 자꾸 예쁘장하게 웃는 모양.

  예 엄마는 봉실봉실 웃으며 옷을 골랐다.

빵긋빵긋 입을 예쁘게 약간 벌리며 소리 없이 가볍게 자꾸 웃는 모양.

  예 아기가 엄마와 눈을 맞추며 빵긋빵긋 웃었다.

상그레 눈과 입을 귀엽게 움직이며 소리 없이 부드럽게 웃는 모양.

  예 상그레 웃으며 감사의 마음을 전했다.

생끗방끗 눈과 입을 살며시 움직이며 소리 없이 가볍고 환하게 웃는 모양.

성끗성끗 눈과 입을 자연스럽게 움직이며 소리 없이 가볍게 자꾸 웃는 모양. 성긋벙긋, 성끗벙끗, 성긋성긋, 상긋방긋, 쌍끗빵끗, 상긋상긋, 쌍끗쌍끗도 같은 뜻.

시물새물 입술을 자꾸 한쪽으로 움직이며 소리 없이 웃는 모양.

  예 시물새물 새어 나오는 웃음을 참으려 다리를 꼬집었다.

실실 소리 없이 실없게 슬며시 웃는 모양.

  예 무슨 비밀이라도 있는지 혼자 실실 웃으며 말을 해 주지 않았다.

싱글벙글 눈과 입을 슬며시 움직이며 소리 없이 정답고 환하게 웃는 모양.

싱글싱글 눈과 입을 슬며시 움직이며 소리 없이 정답게 자꾸

	웃는 모양.
싱긋	눈과 입을 살며시 움직이며 소리 없이 가볍게 웃는 모양.
싱긋벙긋	눈과 입을 슬며시 움직이며 소리 없이 가볍게 슬쩍 웃는 모양. 싱끗벙끗, 싱긋빙긋, 싱끗빙끗도 같은 뜻. 예 콧노래를 부르며 싱긋벙긋 웃었다.
해물해물	입술을 조금 샐그러뜨리며 소리 없이 능청스럽게 자꾸 웃는 모양. 예 해물해물 웃으며 동생을 잘도 속여 먹었다.
해족이	흐뭇한 태도로 귀엽게 살짝 한 번 웃는 모양. 흐뭇해 자꾸 웃을 때는 해족해족, 해죽해죽, 해쭉해쭉, 히죽해죽, 히죽이죽, 히쭉히쭉이라고 한다. 예 선물이 만족스러운지 동생은 해족이 웃어 보였다.
헤실헤실	싱겁고 어설프게 웃는 모양.
히쭉벌쭉	몹시 기뻐서 어쩔 줄 몰라 입을 벌리고 자꾸 소리 없이 슬쩍 웃는 모양. 예 특별상을 받은 명수는 히쭉벌쭉 웃으며 입을 다물 줄 몰랐다.
해해	입을 조금 벌리고 자꾸 힘없이 싱겁게 웃는 소리나 모양. 또는 자꾸 경망스럽게 웃는 소리나 모양.
헤헤	입을 조금 벌리고 속없이 자꾸 빙그레 웃는 소리나 모양. 또는 자꾸 주책없이 웃는 소리나 모양.

미리보기

낱말 주제
울음

"눈물을 머금고 친구를 보내야 했다."

위 문장에서 '눈물을 머금다'는 무슨 뜻일까요?

머금다는 눈에 고인 눈물을 흘리지 않고 지니고 있다는 뜻이에요. 눈에 눈물이 고였지만 흘리지 않고 꾹 참는 모습에 머금다라는 표현을 쓰지요.

백설 공주가 독이 든 사과를 먹고 죽은 줄 알았을 때 난쟁이들은 눈물을 머금었을까요, 흘렸을까요?

어떤 난쟁이는 황소울음을 울며 펑펑 눈물을 흘리고, 어떤 난쟁이는 어깨를 들썩이며 속울음을 울었을지 몰라요.

감정에 따라 표현이 다르듯 울음 또한 억지 울음, 큰 울음, 조용한 울음 등 다양한 모습으로 표현되지요.

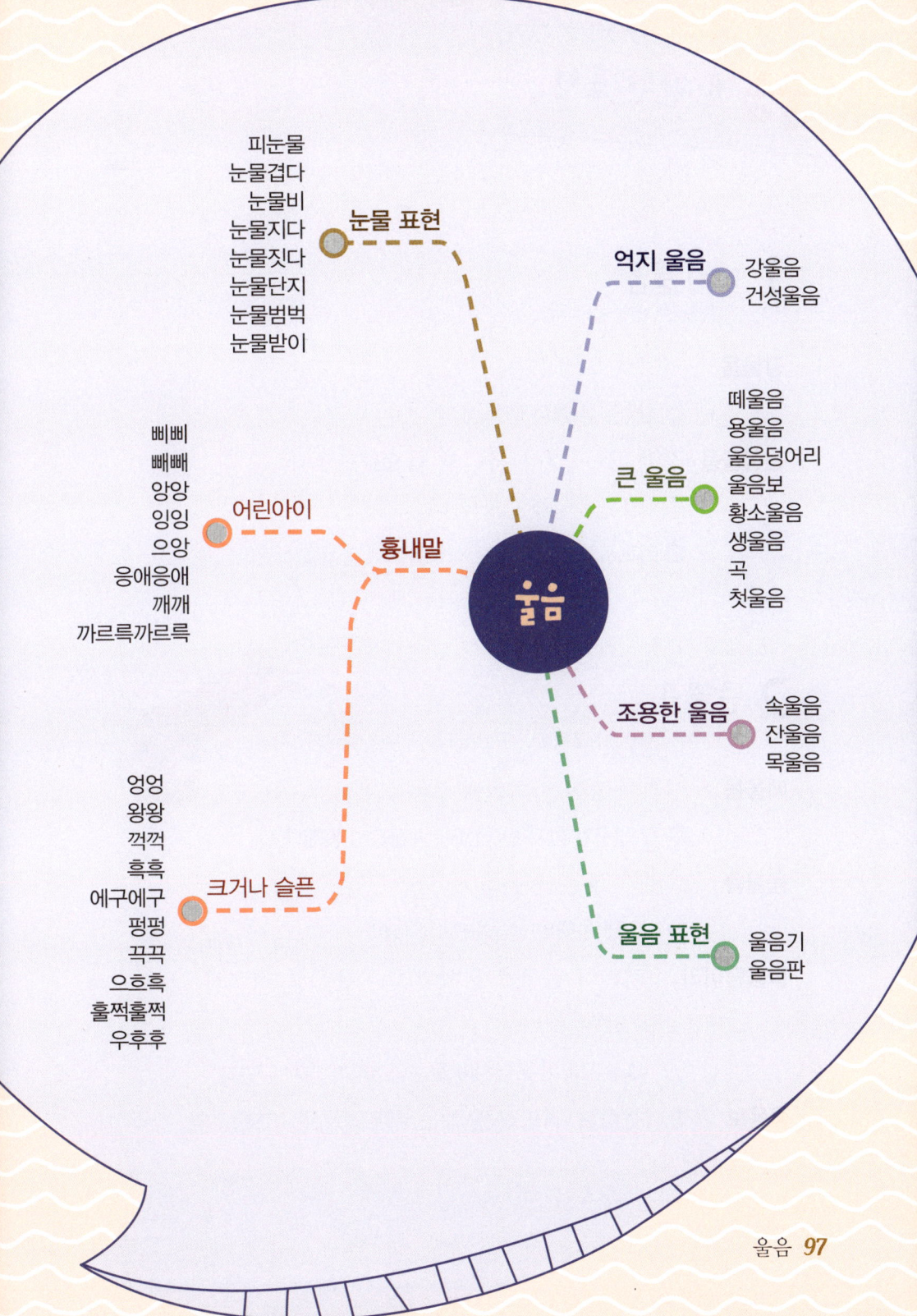

울음에 관한 표현

1 억지 울음

강울음　억지로 우는 울음.
　　　　📝 강울음을 울며 떼를 썼다.

건성울음　정말 우는 것이 아니라 겉으로만 우는 울음. 건울음, 겉울음이라고도 한다.
　　　　📝 아프지도 않으면서 건성울음으로 엄살을 피웠다.

2 큰 울음

떼울음　여러 사람이 한꺼번에 우는 울음.
　　　　📝 한 친구가 울자 반 전체에 떼울음이 번졌다.

용울음　갑자기 내는 큰 울음.
　　　　📝 참았던 눈물이 용울음으로 터졌다.

울음덩어리　격하여 뭉클하게 북받치는 울음을 비유적으로 이르는 말.
　　　　📝 눈시울이 붉어지며 울음덩어리가 터져 나왔다.

울음보　참다못하여 터뜨린 울음을 비유적으로 이르는 말.

황소울음 황소의 울음소리처럼 큰 소리로 울부짖는 울음.

         예 홍수에 잠긴 마을을 보며 이웃들은 이내 황소울음을 터뜨리고 말았다.

생울음 아무런 거짓이 섞이지 않고 그저 너무나 슬퍼서 터져 나오는 울음.

         예 기르던 강아지와 헤어지려니 생울음이 터졌다.

곡 1. 제사나 장례를 지낼 때에 일정한 소리를 내며 욺. 또는 그런 울음.

         예 아이고 아이고, 곡을 하며 슬픔을 달랬다.

    2. 크게 소리 내며 우는 울음.

         예 제 고집에 못 이겨 곡을 하며 울었다.

첫울음 갓난아이가 나서 처음으로 우는 울음.

3 조용한 울음

속울음 겉으로 눈물을 흘리거나 소리를 내지 아니하고 속으로 우는 울음.

         예 속울음을 삼키며 떠나는 친구에게 손을 흔들었다.

잔울음 작은 소리로 우는 울음.

목울음 목이 잠긴 채 우는 울음.

         예 얼마나 울었는지 목울음밖에 나오지 않았다.

4 울음 표현

울음기   울다가 아직 가시지 않은 울음의 흔적. 또는 울음의 기색.
  예) 울음기가 가시지 않아 눈이 벌게졌다.

울음판   여러 사람이 어우러져 우는 자리.
  예) 동원이가 다른 학교로 전학한다는 소리에 교실은 금세 울음판이 되었다.

5 눈물 표현

피눈물   몹시 슬프고 분하여 나는 눈물.
  예) 억울함에 피눈물을 흘려도 들어 주는 이가 없었다.

눈물겹다   눈물이 날 만큼 가엾고 애처롭다는 뜻.
  예) 사고 소식을 들으니 눈물겨워 쳐다볼 수가 없었다.

눈물비   주르륵 흘리는 눈물을 비유적으로 이르는 말.
  예) 가만히 있어도 주르륵 눈물비가 내렸다.

눈물지다   눈물이 흐르는 것.

눈물짓다   눈물을 흘리다. 또는 눈물이 고이는 것.

눈물단지   툭하면 잘 우는 사람을 놀림조로 이르는 말.
  예) 그는 툭하면 삐치고 우는 눈물단지였다.

눈물범벅 1. 눈물을 몹시 많이 흘린 상태.
　　　　　　예 눈물범벅이 되어 앞이 잘 보이지 않았다.
　　　　　2. 눈물, 먼지, 때가 한데 비벼진 상태.
　　　　　　예 화장이 지워져 얼굴이 눈물범벅이 되어 있었다.

눈물받이 눈물을 많이 흘리는 신세의 사람.
　　　　　　예 집이 싫다고 뛰쳐나가더니 눈물받이 신세가 되고 말았다.

6 흉내말

🌱 어린아이

삐삐　　어린아이의 높고 가느다란 울음소리.
　　　　　예 삐삐 우는 소리에 잠이 깼다.

빼빼　　어린아이가 듣기 싫게 자꾸 우는 소리.
　　　　　예 아기는 새벽 세 시만 되면 우유를 달라고 빼빼 울어 댔다.

앙앙　　어린아이가 크게 우는 소리나 모양.

잉잉　　어린아이가 입을 찡그리듯 벌리고 자꾸 우는 소리나 모양.

으앙　　젖먹이가 우는 소리.

응애응애　갓난아이가 잇따라 우는 소리.

깨깨　　어린아이가 듣기 싫게 자꾸 우는 소리.
　　　　　예 제 고집대로 되지 않자 깨깨 울어 댔다.

울음 101

까르륵까르륵 젖먹이가 몹시 자지러지게 자꾸 우는 소리나 모양.

　　　　　　예 유모차에 누워 있던 아기가 갑자기 까르륵까르륵 울어 댔다.

🌱 크거나 슬픈

엉엉 목을 놓아 크게 우는 소리나 모양.

왕왕 귀가 먹먹할 정도로 크고 시끄럽게 떠들거나 우는 소리.

　　　예 왕왕 울어 대는 소리가 방 안을 가득 메웠다.

꺽꺽 숨이 막힐 정도로 우는 소리나 모양.

　　　예 꺽꺽 울면서도 제 할 말은 다 하였다.

흑흑 설움이 북받쳐 자꾸 숨을 거칠게 쉬며 우는 소리.

　　　예 흑흑 소리를 내며 눈물을 멈추지 못했다.

에구에구 1. 몹시 슬피 우는 소리.

　　　　　예 에구에구! 갑자기 이게 무슨 일이냐.

　　　　　2. 어디가 몹시 아프거나 힘들 때 하는 소리.

　　　　　예 에구에구 다리야.

펑펑 물 같은 액체 따위가 눈이나 코, 수도꼭지같이 약간 넓은 구멍으로 세차게 쏟아져 나오는 소리나 모양.

끅끅 흐느껴 울거나, 웃음을 참으려 할 때 잇따라 목이 메어 나는 소리.

으흐흑 몹시 놀라거나 슬퍼서 흐느껴 우는 소리나 모양.

훌쩍훌쩍 콧물을 들이마시며 잇따라 흐느껴 우는 소리나 모양.

　　예) 창피하게 훌쩍훌쩍 눈물이 나왔다.

우후후 가슴 깊은 곳에서 터져 나오는 한숨이나 울음소리. 또는 참을 수 없이 터져 나오는 웃음소리.

　　예) 한참을 목 놓아 울더니 우후후 한숨 섞인 울음을 내뱉으며 이야기를 시작했다.

낱말 주제

맛

맛을 어떻게 표현할까요?

가장 흔한 표현법이 짜다, 달다, 시다, 맵다일 거예요. 그런데 맛을 표현하는 말에는 이보다 훨씬 많은 것들이 있어요.

싱겁다라는 말을 들어 본 적 있나요? 싱겁다는 간이 약하다는 뜻이에요. 흔히 짠맛이 많이 나지 않을 때 싱겁다고 하지요.

밍밍하다는 무슨 맛일까요? 맛이 달콤하게 느껴지나요, 싱겁게 느껴지나요, 짜게 느껴지나요?

엄마가 해 주는 음식을 먹다 보면 꼭 한 가지 맛만 느껴지는 게 아니에요. 때로는 달면서도 매울 때가 있고, 어떤 때는 맛있게 짜기도 해요. 어떤 때는 맛없게 짜기도 하고, 시큼하면서 떫을 때도 있지요. 이럴 때 우리는 어떻게 맛을 표현해야 할까요?

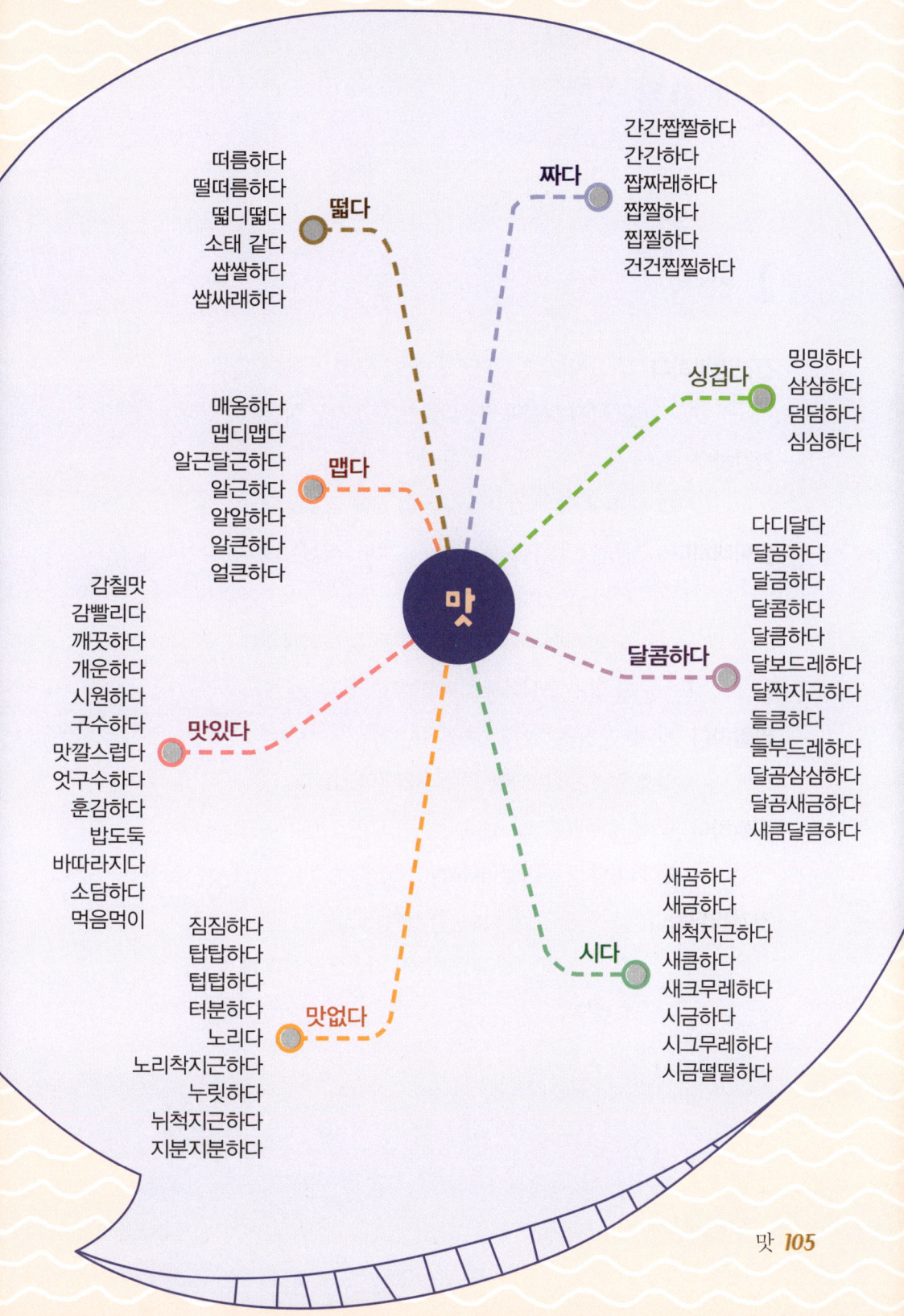

맛에 관한 표현

1 짜다

간간짭짤하다 음식이 감칠맛 있게 입에 당기면서도 짭짤하다.
　　　　　　예) 낙지 젓갈이 간간짭짤한 것이 자꾸 젓가락이 갔다.

간간하다 입에 당기게 약간 짠 듯하다.
　　　　　예) 시금치나물이 간간한 것이 내 입에 딱 맞았다.

짭짜래하다 좀 짠맛이나 냄새가 풍기다. 같은 뜻의 짭짜름하다도 있다.
　　　　　　예) 짭짜래한 냄새가 바다에 온 걸 느끼게 했다.
　　　　　　예) 말린 오징어가 짭짜름했다.

짭짤하다 맛이 감칠맛 있게 좀 짠 듯하다.
　　　　　예) 짭짤한 된장찌개를 먹으니 입맛이 돌았다.

찝찔하다 맛이 없이 좀 짠 듯하다.
　　　　　예) 찝찔한 콧물을 들이마셨다.

건건찝찔하다 약간 짜기만 하고 감칠맛이 없다.
　　　　　　　예) 찌개 양념을 잘못했는지 간간짭짤하지 않고 건건찝찔했다.

2 싱겁다

밍밍하다 몹시 싱겁다.
  예 엄마는 건강에 좋다며 밍밍하게 반찬을 했다.

삼삼하다 좀 싱거운 듯하면서 맛이 있다.
  예 국물이 삼삼하고 시원했다.

덤덤하다 제맛이 나지 않고 아주 싱겁다.

심심하다 맛이 조금 싱겁다.

3 달콤하다

다디달다 매우 달다.
  예 다디단 사탕을 잘도 먹었다.

달곰하다 감칠맛 있게 달다.
  예 달곰한 식혜를 꿀꺽꿀꺽 마셨다.

달금하다 감칠맛이 있게 꽤 달다.
  예 유자차를 달금하게 타 먹었다.

달콤하다 감칠맛이 있게 달다.
  예 달콤하면서도 새콤한 사과가 제철이다.

달큼하다 맛깔스럽게 꽤 달다.
  예 꿀물을 달큼하게 타 먹었다.

달보드레하다 조금 달콤하다.
　　　　　　예 붉은 빛이 도는 오미자차는 맛이 달보드레했다.
달짝지근하다 조금 달콤한 맛이 있다.
들큼하다 맛깔스럽지 아니하게 조금 달다.
　　　　　　예 호박죽이 들큼하여 소금 간을 조금 하였다.
들부드레하다 약간 들큼하다.
달곰삼삼하다 조금 달고 싱거운 듯하면서도 맛있다.
　　　　　　예 달곰삼삼한 감자조림이 입맛을 당겼다.
달곰새금하다 좀 달고 새금한 맛이 있다.
새큼달큼하다 약간 시면서도 맛깔스럽게 꽤 달다.
　　　　　　예 새로 나온 포도가 새큼달큼했다.

4 시다

새곰하다 조금 신 맛이 있다.
　　　　　　예 신맛을 더 느끼고 싶어 새곰한 오이냉국에 식초를 좀 더 넣었다.
새금하다 맛이나 냄새 따위가 맛깔스럽게 조금 시다.
　　　　　　예 귤 한 알에 새금한 군침이 돌았다.
새척지근하다 음식이 쉬어서 조금 시다.
　　　　　　예 어제 만들었는데 벌써 새척지근해졌다.

새큼하다 맛이나 냄새 따위가 맛깔스럽게 조금 시다.
　　　　　㉠ 레몬 향이 새큼하게 퍼져 나갔다.

새크무레하다 조금 신 맛이 있는 듯하다.
　　　　　　　㉠ 무생채를 새크무레하게 무쳤다.

시금하다 맛이나 냄새 따위가 깊은 맛이 있게 좀 시다.
　　　　　㉠ 김치가 시금하게 잘 익었다.

시그무레하다 깊은 맛이 있게 조금 신 듯하다.
　　　　　　　㉠ 시그무레한 자두를 잘도 먹었다.

시금떨떨하다 맛이나 냄새 따위가 조금 시면서도 떫다.
　　　　　　　㉠ 살구가 시금떨떨했다.

5 떫다

떠름하다 좀 떫다.
　　　　　㉠ 감이 아직 떠름하였다.

떨떠름하다 조금 떫은 맛이 있다.

떫디떫다 몹시 떫다.
　　　　　㉠ 감이 덜 익어서 떫디떫었다.

소태 같다 소태는 소태나무의 껍질을 말하는 것으로, 맛이 아주 쓰다. 그렇기 때문에 소태 같다는 말은 몹시 쓰다는 표현이다.

쌉쌀하다 조금 쓴 맛이 있다.
  ㉠ 약이 쌉쌀해서 먹기 힘들었다.

쌉싸래하다 조금 쓴 맛이 있는 듯하다.
  ㉠ 씀바귀가 쌉싸래하니 맛이 좋았다.

6 맵다

매옴하다 혀가 조금 알알한 정도로 맵다.
  ㉠ 떡볶이가 매옴하여 물을 자꾸 마셨다.

맵디맵다 매우 맵다.
  ㉠ 작은 고추가 맵디매웠다.

알근달근하다 매우면서도 달착지근하다.
  ㉠ 오징어볶음이 알근달근한 것이 맛이 좋았다.

알근하다 매워서 입안이 조금 알알하다.
  ㉠ 매운탕이 알근하게 맛있었다.

알알하다 매운맛으로 혀가 아리다.
  ㉠ 혀가 알알할 정도로 매운 짬뽕을 먹었다.

알큰하다 매워서 입안이 조금 알알하다.

얼큰하다 매워서 입안이 조금 얼얼하다.
  ㉠ 얼큰한 고추장찌개를 잘도 먹었다.

7 맛있다

감칠맛 음식물이 입에 당기는 맛.
  예) 할머니가 해 주시는 음식은 언제나 감칠맛이 났다.

감빨리다 감칠맛이 나게 입맛이 당기다.
  예) 처음에는 싫다더니 한입 먹고 나더니 감빨린 듯이 젓가락을 놓지 못했다.

깨끗하다 맛이 개운하다.

개운하다 맛이 산뜻하고 시원하다.
  예) 미역국에 조개를 넣었더니 개운했다.

시원하다 음식이 차고 산뜻하거나, 뜨거우면서도 속을 후련하게 하는 점이 있다.
- 예 물김치가 시원하게 잘 익었다.
- 예 콩나물국이 얼큰한 것이 시원했다.

구수하다 보리차, 숭늉, 된장국 따위에서 나는 맛이나 냄새와 같다.
- 예 할머니가 구수한 숭늉을 내오셨다.

맛깔스럽다 입에 당길 만큼 음식이 맛이 있다.
- 예 불고기가 맛깔스럽게 익어 가고 있었다.

엇구수하다 맛이나 냄새가 조금 구수하다.
- 예 엇구수한 청국장 냄새가 풍겨 왔다.

훈감하다 맛이 진하고 냄새가 좋다.
- 예 훈감한 찌개 덕분에 밥을 두 공기나 먹었다.

밥도둑 입맛을 돋우어 밥을 많이 먹게 하는 반찬 종류를 비유적으로 이르는 말.
- 예 낙지볶음에 호박전, 갈비찜까지 내가 좋아하는 밥도둑은 다 있었다.

바따라지다 음식의 국물이 바특하고 맛이 있다.
- 예 바따라진 갈치조림에 밥을 비벼 먹었다.

소담하다 음식이 풍족하여 먹음직하다.

먹음먹이 먹음직한 음식들.
- 예 상에 차려진 먹음먹이를 보자 식욕이 절로 당겼다.

8 맛없다

짐짐하다 음식이 아무 맛도 없이 찝찔하기만 하다.
　　　　　예 짐짐한 음식도 엄마의 손길이 닿으면 훈감하게 변했다.

탑탑하다 음식 맛이 시원하거나 깨끗하지 못하다.
　　　　　예 다시마와 멸치를 우려내지 않았더니 국물이 탑탑했다.

텁텁하다 음식 맛 따위가 시원하거나 깨끗하지 못하다.

터분하다 1. 음식의 맛이 신선하지 못하다.
　　　　　예 며칠 지난 음식이라 터분해서 손이 가지 않았다.
　　　　　2. 입맛이 개운하지 아니하다.
　　　　　예 잠을 잘 못 자서 그런지 입안이 터분해서 밥맛이 없었다.

노리다 고기에 기름기가 많아 냄새나 맛이 메스껍고 비위에 거슬리다. 또는 가죽이나 털 타는 냄새 등으로 인해 냄새가 나다. 누리다도 있다.
　　　　　예 지방이 많은 고기라 노린 냄새가 났다.

노리착지근하다 노린 냄새가 조금 나는 듯하다.
　　　　　예 노리착지근한 고기를 양념하여 볶았다.

누릿하다 맛이나 냄새가 약간 누리다.

뉘척지근하다 맛이나 냄새 따위가 누리다.

지분지분하다 음식에 섞인 모래나 돌 따위가 자꾸 귀찮게 씹히다.
　　　　　예 해감이 덜 됐는지 조개가 지분지분했다.

미리보기

낱말 주제
잠

갓 태어난 아기는 하루의 절반 이상을 잠을 자며 보내요. 아기한테는 잠을 자는 것이 먹는 것만큼이나 중요한 일이거든요.

공부하는 학생도 하루 8시간 정도는 자야 뇌 활동이 활발해지고 건강에 좋아요. 어른 또한 최소 5시간 이상 자야 건강을 지킬 수 있지요.

잠은 그만큼 사람의 건강과 깊은 관련이 있어요. 그렇기 때문에 사람들은 등걸잠을 자건, 한뎃잠을 자건 어떻게든 잠을 자는 것이에요.

등걸잠은 옷을 입은 채 아무것도 덮지 않고 아무 데나 쓰러져 자는 잠을 말해요. 한뎃잠은 지붕이나 벽도 없는 한데에서 자는 잠을 말하지요.

참, 잠과 졸음의 차이를 아나요?

잠은 눈이 감긴 채 의식 활동이 쉬는 상태를 말하고, 졸음은 잠이 오는 느낌이나 상태를 말해요. 잠자리에 누우면 졸음이 오고, 곧 잠이 들겠지요!

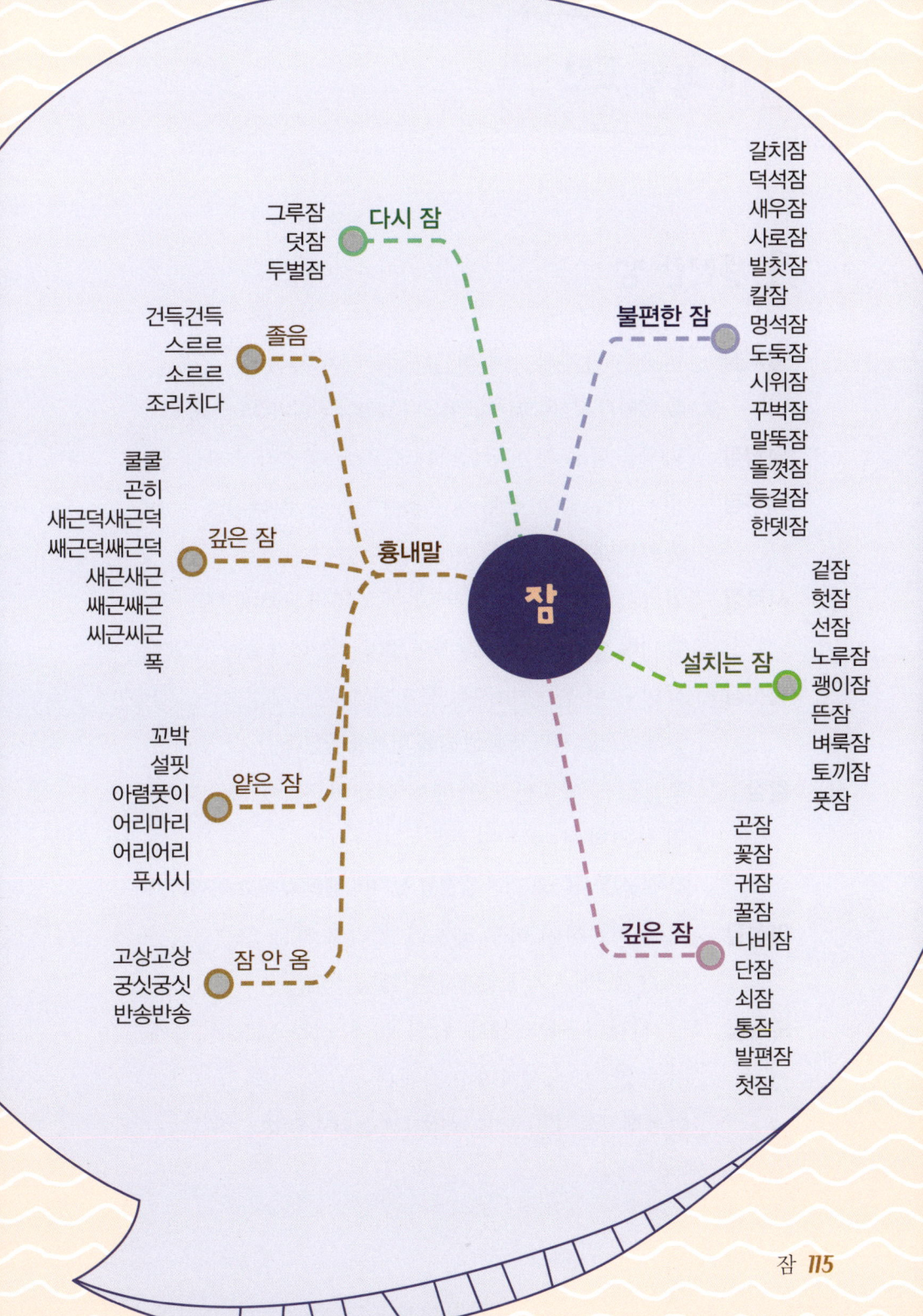

잠에 관한 표현

1 불편한 잠

갈치잠   비좁은 방에서 여럿이 옆으로 끼어 자는 잠.
              예 형들과 갈치잠을 자도 좋으니 날마다 명절이었으면 좋겠다.

덕석잠   덕석을 덮고 자는 잠이라는 뜻으로, 불편하게 자는 잠.

새우잠   새우처럼 등을 구부리고 자는 잠. 주로 옆으로 누워 불편하게 자는 잠을 의미.

사로잠   염려가 되어 마음을 놓지 못하고 조바심하며 자는 잠.
              예 아빠, 엄마는 사로잠을 자며 열이 나는 아기 곁을 지켰다.

발칫잠   남의 발이 닿는 쪽에서 불편하게 자는 잠.
              예 발칫잠을 자다가 동생 발에 머리를 맞았다.

칼잠   충분하지 아니한 공간에서 여럿이 잘 때 옆으로 누워 불편하게 자는 잠.
              예 친구들 사이에 끼어 칼잠을 잤더니 몸이 쑤시고 아팠다.

멍석잠   너무 피곤하여 아무 데서나 쓰러져 자는 잠.
              예 긴 행군에 지쳐 풀밭에서 멍석잠을 잤다.

도둑잠   잘 시간이 아닌 때에 남의 눈에 띄지 않도록 몰래 자는 잠. 도적잠이라고도 한다.
              예 몰래 도둑잠을 자려다 선생님께 들키고 말았다.

시위잠	활시위 모양으로 웅크리고 자는 잠.
꾸벅잠	고개를 꾸벅거리며 조는 잠.
말뚝잠	꼿꼿이 앉은 채로 자는 잠.
	예 전철 안에서 말뚝잠을 잤다.
돌꼇잠	한자리에 누워 자지 아니하고 이리저리 굴러다니면서 자는 잠.
등걸잠	옷을 입은 채 아무것도 덮지 아니하고 아무 데나 쓰러져 자는 잠.
한뎃잠	한데에서 자는 잠. 한데는 벽이나 지붕도 없는 집 바깥을 이른다.

2 설치는 잠

겉잠	깊이 들지 않는 잠. 눈을 감고 자는 체하는 일.
헛잠	거짓으로 자는 체하는 잠. 잔 둥 만 둥 한 잠.
	예 동생을 재우고 혼자 놀려고 일부러 헛잠을 잤다.
선잠	깊이 들지 못하거나 흡족하게 이루지 못한 잠.
노루잠	깊이 들지 못하고 자꾸 놀라 깨는 잠.
	예 밤새 노루잠을 잤더니 개운하지 않았다.
괭이잠	깊이 들지 못하고 자꾸 깨면서 자는 잠.
	예 차 시간을 놓칠까 봐 괭이잠을 잤더니 머리가 아팠다.

뜬잠   밤에 자다가 눈이 떠져서 설친 잠.

벼룩잠   깊이 잠들지 못하고 자꾸 자다가 깨는 잠.

토끼잠   깊이 들지 못하고 자주 깨는 잠.
            예) 천둥 치는 소리에 토끼잠에서 깼다.

풋잠   잠든 지 얼마 안 되어 깊이 들지 못한 잠.
            예) 풋잠이 들 무렵 아빠가 돌아왔다.

3 깊은 잠

곤잠   고단하여 깊이 든 잠.
            예) 밤늦게 들어온 아빠는 곤잠을 자느라 아침이 되어도 일어나지 않았다.

꽃잠   깊이 든 잠.
            예) 오랜만에 꽃잠을 잤더니 피로가 싹 가셨다.

귀잠   아주 깊이 든 잠.
            예) 귀잠이 들었는지 아무리 깨워도 일어나지 않았다.

꿀잠   아주 달게 자는 잠.
            예) 꿀잠을 자는지 아기는 자면서 빙그레 웃었다.

나비잠   갓난아이가 두 팔을 머리 위로 벌리고 자는 잠.
            예) 나비잠을 자던 아기가 배가 고픈지 울기 시작했다.

단잠   아주 달게 곤히 자는 잠.

쇠잠 깊이 든 잠.

통잠 한 번도 깨지 아니하고 푹 자는 잠.
  예 시차 적응이 안 되어 하루 종일 통잠을 잤다.

발편잠 근심이나 걱정이 없어져서 마음을 놓고 편안히 자는 잠.
  예 걱정거리가 사라지니 발편잠을 잘 수 있었다.

첫잠 막 곤하게 든 잠.

4 다시 잠

그루잠 깨었다가 다시 든 잠.
  예 화장실을 가느라 그루잠을 자야 했다.

덧잠 잘 만큼 잔 후에 또 더 자는 잠.
  예 나른하여 덧잠을 잤다.

두벌잠 한 번 들었던 잠이 깨었다가 다시 드는 잠.

5 흉내말

 졸음

건득건득 졸음이 와서 고개를 힘없이 자꾸 앞으로 숙였다 드는 모양.

스르르 눈을 슬며시 감거나 뜨는 모양.

소르르　살며시 졸음이 오거나 잠이 드는 모양.
　　　　🅔 소르르 잠이 쏟아졌다.

조리치다　졸음이 올 때에 잠깐 졸고 깨는 것.
　　　　🅔 많이 졸렸는데, 그래도 조리치고 나니 정신이 좀 맑아지는 것 같다.

🌱 깊은 잠

쿨쿨　곤하게 깊이 자면서 숨을 크게 쉬는 소리나 모양.

곤히　몹시 고단하여 깊이 잠든 상태로.
　　　🅔 곤히 잠든 동생의 얼굴에 뽀뽀를 해 주었다.

새근덕새근덕　잠든 어린아이의 숨소리가 조금 거칠게 자꾸 나는 소리나 모양.

쌔근덕쌔근덕　새근덕새근덕보다 센 느낌의 표현.

새근새근　어린아이가 곤히 잠들어 조용하게 자꾸 숨 쉬는 소리.

쌔근쌔근　새근새근보다 센 느낌의 표현.
　　　　🅔 울며 떼를 쓰던 아기가 쌔근쌔근 잠이 들었다.

씨근씨근　어린아이가 곤히 잠들어 매우 조용하게 자꾸 숨 쉬는 소리나 모양.

폭　잠이 포근하게 깊이 들거나 곤한 몸을 흡족하게 쉬는 모양. 푹도 같은 뜻.
　　　🅔 자장가를 불러 주자 잠에 폭 빠져들었다.

🌱 얕은 잠

꼬박 모르는 사이에 순간적으로 잠이 드는 모양. 꾸벅도 같은 뜻.

설핏 풋잠이나 얕은 잠에 빠져든 모양.
예) 점심을 먹고 났더니 나른하여 설핏 잠이 들었다.

아렴풋이 잠이 깊이 들지 아니하고 의식이 있는 듯 만 듯하게. 어렴풋이도 같은 뜻.

어리마리 잠이 든 둥 만 둥 하여 정신이 흐릿한 모양.
예) 어리마리 잠이 들려는데 무언가 떨어지는 소리가 들렸다.

어리어리 겉잠이나 얕은 잠이 설핏 든 모양.

푸시시 잠이나 공상 따위에 슬그머니 빠지는 모양.
예) 나도 모르게 푸시시 잠이 들었다.

🌱 잠 안 옴

고상고상 잠이 오지 않아 누운 채로 뒤척거리며 애를 쓰는 모양.
예) 잠을 자려고 고상고상해 봤지만 정신만 말똥말똥해졌다.

궁싯궁싯 잠이 오지 아니하여 누워서 몸을 이리저리 자꾸 뒤척거리는 모양.
예) 잠이 오지 않아 궁싯궁싯하다 새벽녘에야 겨우 잠이 들었다.

반송반송 잠은 오지 않고 정신만 말똥말똥한 모양.
예) 반송반송하여 밤새도록 이야기를 나누었다.

낱말 주제

수다

　이야기꾼과 수다쟁이는 무슨 차이가 있을까요?

　수다는 그냥 이야기를 나누는 것과는 조금 달라요. 쓸데없이 말수가 많거나 쓸데없이 많은 말을 뜻하지요.

　그래서 이야기를 재미있게 잘하는 사람에게는 이야기꾼이라고 하고, 쓸데없이 말이 많은 사람에게 수다쟁이라고 하는 거예요.

　그런데 쓸데없는 말이라도 듣기 좋은 말이 있을 때가 있어요. 그럴 때는 어떻게 표현해야 할까요?

　수다쟁이 말고 수다스러운 사람을 표현하는 다른 말은 없을까요?

　쑥덕쑥덕, 맹꽁징꽁, 노닥노닥. 수다를 떠는 다양한 모습과 표현들을 지금부터 알아 봐요.

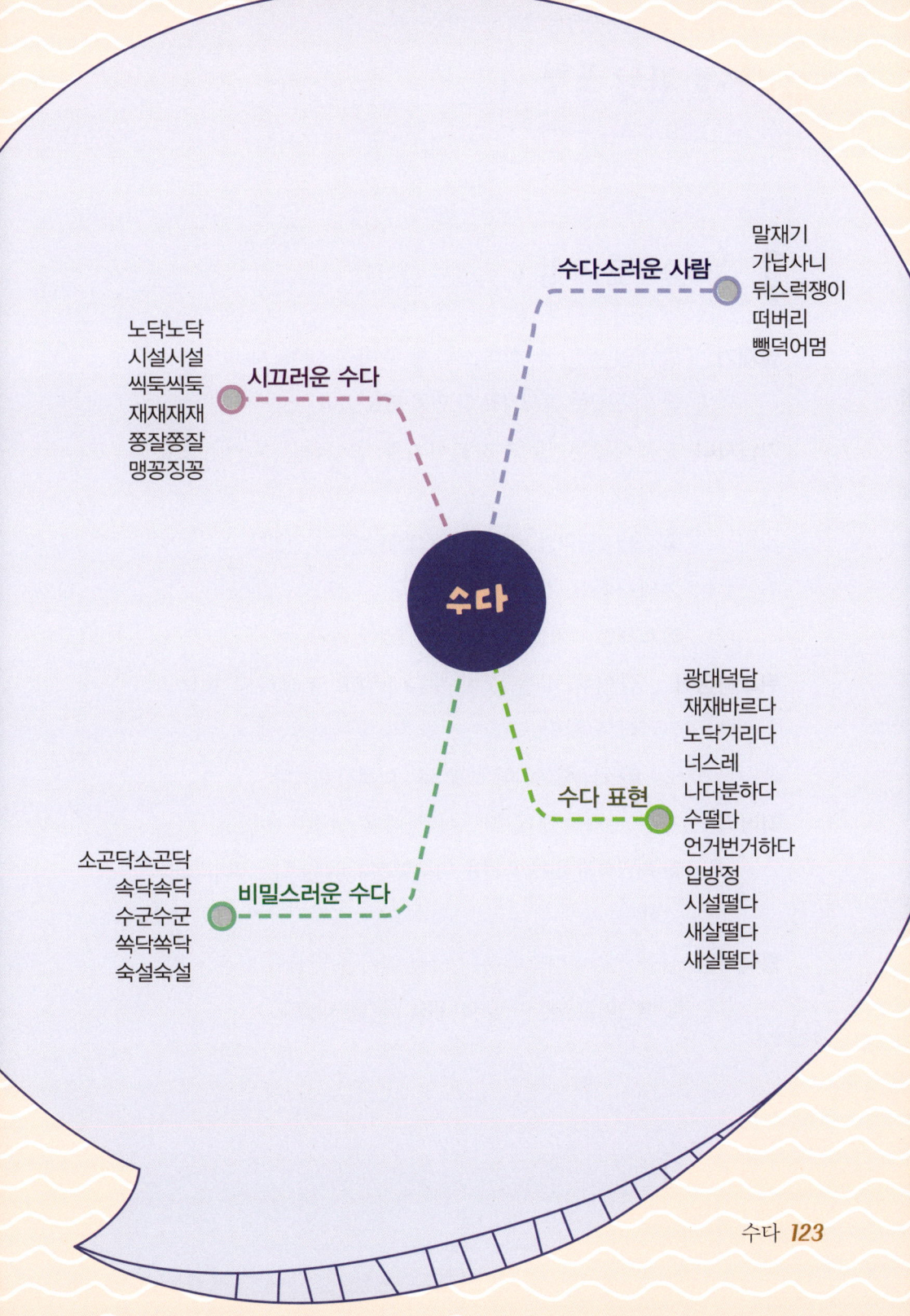

수다에 관한 표현

1 수다스러운 사람

말재기   쓸데없는 말을 수다스럽게 꾸미어 내는 사람.
　　　　　예 저 친구는 말재기라 다 믿을 필요 없다.

가납사니 1. 쓸데없는 말을 지껄이기를 좋아하는 수다스러운 사람.
　　　　　예 가납사니마냥 몇 시간째 전화를 붙잡고 있었다.
　　　　　2. 말다툼을 잘하는 사람.
　　　　　예 툭하면 시비를 거는 가납사니였다.

뒤스럭쟁이   말이나 하는 짓이 수다스럽고 부산하며 변덕스러운 사람.
　　　　　예 뒤스럭쟁이라 언제 말이 바뀔지 몰랐다.

떠버리   자주 수다스럽게 떠드는 사람을 낮잡아 이르는 말.
　　　　　예 확인되지 않은 소문을 아무렇게나 퍼 나르는 떠버리들이 많다.

뺑덕어멈   심술궂고 수다스러운 못생긴 여자를 낮잡아 이르는 말.
　　　　　예 뺑덕어멈처럼 이리저리 말을 옮기고 다녔다.

2 수다 표현

광대덕담 실속 없이 수다스럽게 늘어놓지만 듣기는 좋은 말.
　　　　　예 친구들의 광대덕담에 즐거운 시간을 보냈다.

재재바르다 재잘재잘 떠드는 것이 수다스럽고 어수선하지만 즐겁고 유쾌한 느낌이 있다.
　　　　　예 할머니는 손자들의 재재바른 수다에 흐뭇하게 웃었다.

노닥거리다 조금 수다스럽게 재미있는 말을 자꾸 늘어놓는 것.
　　　　　예 너무 바빠서 노닥거릴 여유가 없었다.

너스레 수다스럽게 떠벌려 늘어놓는 말이나 짓.
　　　　　예 엄마, 아빠를 기쁘게 해 드리기 위해 너스레를 떨었다.
　　　　　예 엄마는 너스레를 놓으며 은근슬쩍 값을 깎았다.
　　　　　예 너스레를 피우며 용돈을 올려 달라고 했다.

나다분하다 말이 따분하게 수다스럽고 길고 조리가 서지 아니하다.
　　　　　예 하는 말이 나다분하여 무엇을 말하려는지 알 수가 없었다.

수떨다 수다스럽게 떠들다.
　　　　　예 우리는 한참 수떨다 집에 돌아갔다.

언거번거하다 말이 쓸데없이 많고 수다스럽다.
　　　　　예 처음 보는 사람 앞에서는 언거번거하게 말을 늘어놓았다.

입방정 버릇없이 수다스럽게 지껄이면서 방정을 떠는 것.
  ㉠ 결국 제 입방정에 창피를 당하고 말았다.

시설떨다 성질이 차분하지 못하고 수다스러워 수선을 부리다.
  ㉠ 그렇게 시설떨고 다니니 이웃들 눈총을 받는 거야.

새살떨다 성질이 차분하지 못하고 가벼워 실없이 수선을 부리다.

새실떨다 성질이 차분하지 못하고 점잖지 아니하여 실없이 수선을 부리다.

3 시끄러운 수다

노닥노닥 조금 수다스럽게 자꾸 재미있는 말을 늘어놓는 모양.

시설시설 실실 웃으면서 수다스럽게 자꾸 떠들어 대는 모양.
  ㉠ 뭐가 그리 즐거운지 시설시설 이야기가 끊이지 않았다.

씩둑씩둑 쓸데없는 말을 수다스럽게 자꾸 지껄이는 모양.
  ㉠ 다른 사람 말은 듣지도 않고 혼자만 계속 씩둑씩둑 지껄여 댔다.

재재재재 조금 수다스럽게 자꾸 재잘거리는 소리나 모양.
  ㉠ 친구들과 재재재재 이야기를 나누며 놀았다.

쫑잘쫑잘 자꾸 수다스럽게 종알거리는 소리나 모양.
  ㉠ 쫑잘쫑잘 떠들어 대는 소리에 자꾸 신경이 쓰였다.

맹꽁징꽁 남이 알아듣지 못할 말로 요란스럽게 지껄이는 모양.
- 예 혼자 신나서 맹꽁징꽁 떠들어 댔다.

4 비밀스러운 수다

소곤닥소곤닥 남이 알아듣지 못하도록 작은 목소리로 어수선하게 이야기하는 소리나 모양. 수군덕수군덕, 쑤군덕쑤군덕이라고도 한다.
- 예 저희들끼리 소곤닥소곤닥 이야기를 주고받았다.

속닥속닥 남이 알아듣지 못하도록 작은 목소리로 은밀하게 이야기하는 소리나 모양.
- 예 속닥속닥 귓속말을 해 가며 놀라게 할 준비를 했다.

수군수군 남이 알아듣지 못하도록 낮은 목소리로 자꾸 가만가만 이야기하는 소리나 모양. 쏘곤쏘곤이라고도 한다.

쏙닥쏙닥 남이 알아듣지 못하도록 작은 목소리로 은밀하게 이야기하는 소리나 모양. 숙덕숙덕이나 쑥덕쑥덕도 같은 말.

숙설숙설 남이 알아듣지 못하도록 낮은 목소리로 자질구레하게 자꾸 이야기하는 소리나 모양. 쑥설쑥설도 같은 말.
- 예 자신 없이 숙설숙설 물었다.

미리보기

낱말 주제

시간

일기 예보를 보면 이런 말을 들을 수 있어요.

"남부 지방에 새벽녘부터 비가 내리기 시작해 저녁녘에는 전국적으로 비가 확대되겠습니다."

새벽녘과 저녁녘. 많이 들어 본 말이지요? 모두 시간을 나타내는 말이에요.

새벽녘은 날이 샐 무렵이고, 저녁녘은 저녁이 될 무렵이에요. 두 낱말에는 공통점이 숨어 있어요. 바로 녘이라는 말이지요.

녘은 어느 때의 무렵을 뜻해요. 시간을 나타내는 말이지요.

하루, 이틀, 어제, 그제. 이런 말 말고 또 시간을 나타내는 말에 무엇이 있을까요?

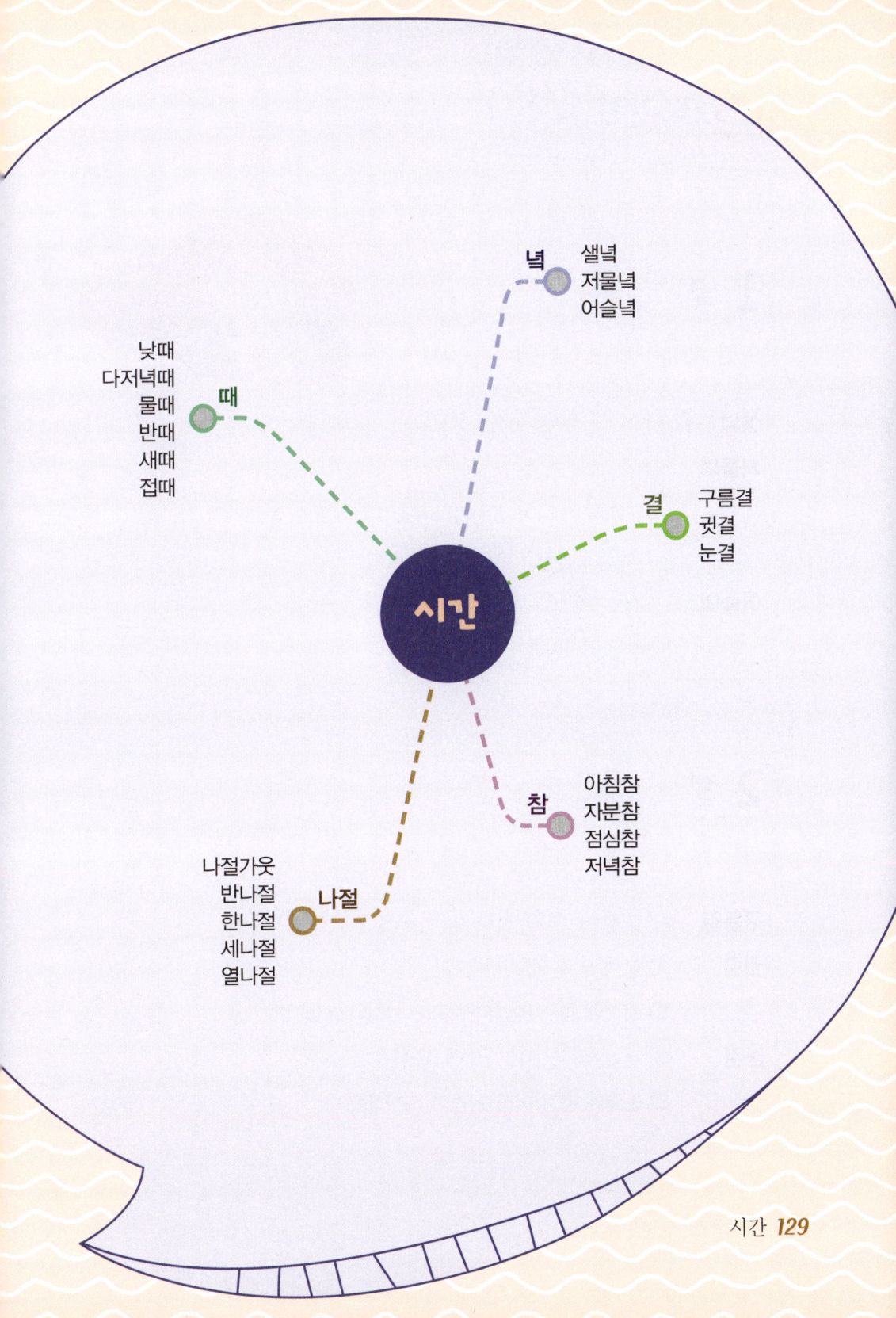

시간에 관한 표현

1 녘

어떤 때의 무렵을 나타낸다.

샐녘   날이 샐 무렵.

저물녘   날이 저물 무렵.
- 예 저물녘이 되어서야 기다리고 기다리던 합격 소식을 들었다.

어슬녘   조금 어둑어둑한 무렵.
- 예 어슬녘에야 학원에서 돌아왔다.

2 결

어느 때, 사이, 짬 등을 나타낸다.

구름결   구름같이 슬쩍 지나가는 겨를.

귓결   우연하게 듣게 된 겨를.
- 예 귓결에 들은 얘기지만 자꾸 신경이 쓰였다.

눈결   눈에 슬쩍 뜨이는 잠깐 동안.
- 예 눈결에 본 것이라 기억이 나지 않았다.

3 참

일을 하다가 일정하게 잠시 쉬는 동안을 나타낸다.

아침참 아침밥을 먹고 잠시 쉬는 동안. 또는 그 무렵.
  예 축구 경기를 보겠다고 아침참부터 운동장에 줄을 섰다.

자분참 지체 없이 곧.
  예 함께 놀던 친구는 무엇이 생각났는지 인사도 없이 자분참 집으로 달려갔다.

점심참 점심 먹을 시간.

저녁참 저녁밥을 먹고 잠시 쉬는 동안. 또는 그 음식.

4 때

시간의 어떤 순간이나 부분 또는 식사 시간, 기회나 시기, 일정한 일이나 현상이 일어나는 시간, 경우 등을 나타낸다.

낮때 한낮을 중심으로 해서 한동안.
  예 조용하던 운동장이 낮때가 되면 뛰어노는 아이들로 넘쳐난다.

다저녁때 저녁이 다 된 때.
  예 한 시간만 놀다 온다더니 다저녁때가 되어서야 돌아오니?

물때 아침저녁으로 밀물과 썰물이 들어오고 나가는 때.

> 예 물때를 맞추지 못하면 바다를 건널 수 없다.

반때 반 시간도 될까 말까 하는 짧은 동안.
> 예 공부를 시작한 지 반때도 되지 않았는데 벌써 좀이 쑤셨다.

새때 끼니와 끼니의 중간 되는 때.
> 예 새때가 되니 입이 심심하여 간식을 찾아 주방을 두리번거렸다.

접때 오래지 아니한 과거의 어느 때.
> 예 접때 봤을 때보다 더 키가 큰 것 같다.

5 나절

하룻낮의 절반쯤 되는 동안을 뜻하거나 낮의 어느 무렵이나 동안.

나절가웃 하룻낮의 4분의 3쯤 되는 동안.

반나절 1. 한나절의 반.
  ㉠ 반나절이면 끝날 줄 알았는데 계속된 수다로 한나절이나 모임을 가졌다.
  2. 하룻낮의 반을 뜻하는 한나절과 같은 뜻.
  ㉠ 졸려서 반나절도 못 버티고 도서관을 나왔다.

한나절 1. 하룻낮의 반.
  ㉠ 한나절 무렵의 해가 가장 뜨겁다.
  2. 하룻낮 전체.
  ㉠ 이삿짐을 옮기는 데 한나절이 걸렸다.

세나절 한나절의 세 배라는 뜻으로, 일을 하기에 제법 긴 시간을 이르는 말. 잠깐이면 끝낼 일을 느리게 하여 늦어지는 것을 놀리는 말로도 쓰인다.
  ㉠ 애고, 세나절이나 걸려서 한 일이 고작 이만큼이냐?

열나절 일정한 한도 안에서 매우 오랫동안을 뜻하는 말.
  ㉠ 한 시간이면 끝낼 일을 열나절이나 붙잡고 있다.

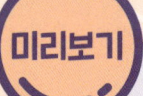

낱말 주제

계절 알림 말

"꽃철이 돌아왔습니다. 산과 들 곳곳에 꽃이 피기 시작했습니다."

꽃철은 계절을 표현하는 말이에요. 철이라는 말이 계절이라는 뜻이거든요.

"여름철에는 냉방 때문에, 겨울철에는 난방 때문에 전기 사용량이 많아진다."

"철에 따라 나무들이 옷을 갈아입는다."

철은 이처럼 계절을 표현하는 대표적인 말이에요. 철 앞에 꽃 대신 가뭄이라는 말을 붙이면 가뭄철이 되고, 밭갈이를 붙이면 밭갈이철이 되지요.

또 어떤 철이 있을까요?

그리고 철 말고 봄, 여름, 가을, 겨울을 좀 더 멋지게 표현할 수 있는 말은 무엇이 있을까요?

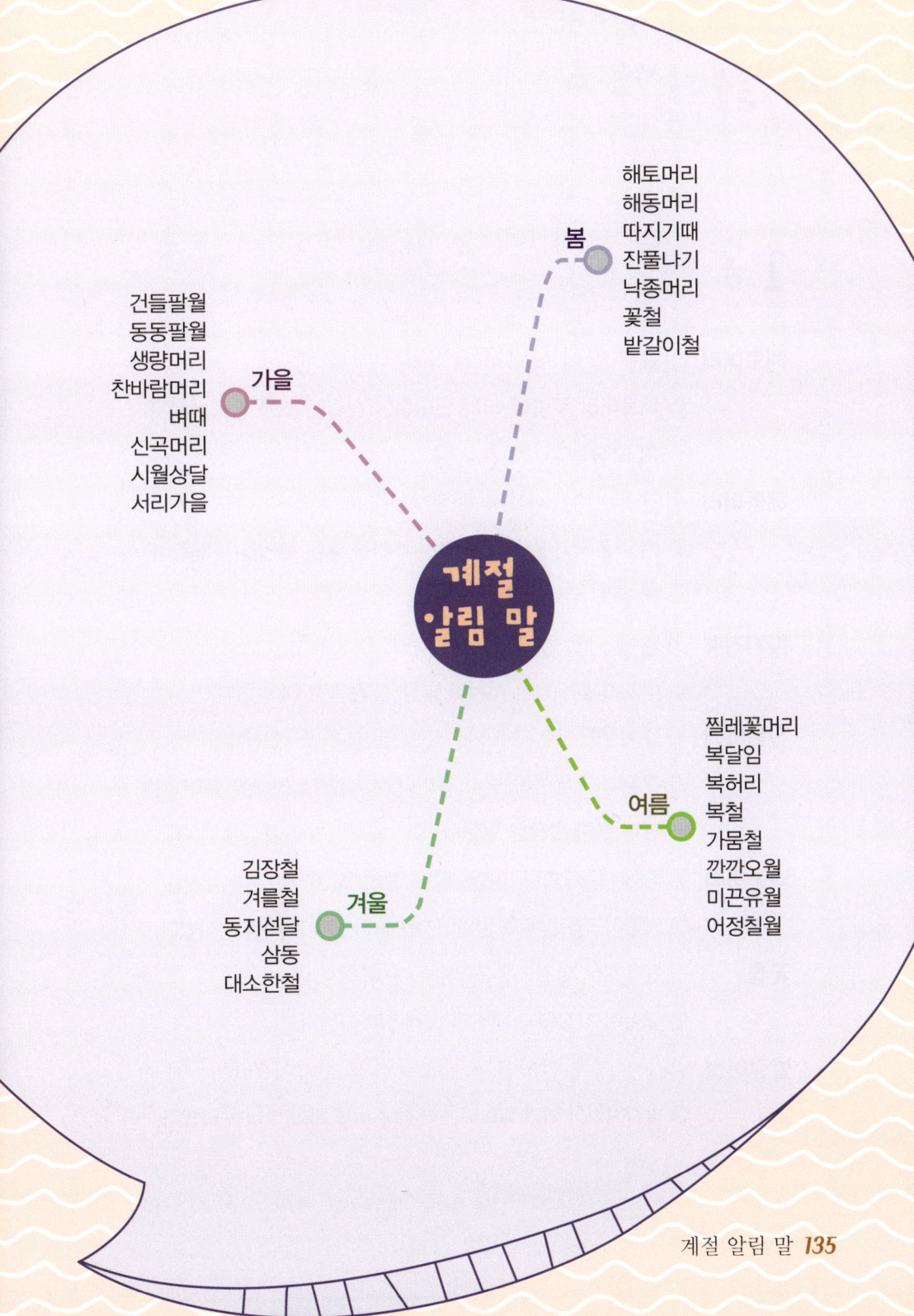

계절을 알리는 표현

1 봄

해토머리   얼었던 땅이 녹아서 풀리기 시작할 때.
　　　　　예) 해토머리 무렵이 되자 단단하던 산길이 조금씩 눅눅해지기 시작했다.

해동머리   얼었던 것이 녹아서 풀릴 무렵.
　　　　　예) 겨우내 꾹꾹 밟히며 단단히 뿌리를 내린 보리들이 해동머리 때는 푸르게 자라 있었다.

따지기때   초봄에 얼었던 흙이 풀리려고 하는 때.
　　　　　예) 따지기때가 되면 서서히 밭을 갈 준비를 해야 한다.

잔풀나기   잔풀이 싹 트는 때라는 뜻으로 봄철을 뜻한다.
　　　　　예) 잔풀나기 무렵이 되자 할머니 댁 마당에 하나둘 풀이 싹 트며 봄이 왔음을 알렸다.

낙종머리   논밭에 곡식의 씨앗을 떨어뜨려 심기 시작할 무렵.
　　　　　예) 낙종머리를 앞두고 할아버지는 농사 준비로 바삐 움직였다.

꽃철   꽃이 피는 계절. 봄과 여름이 꽃철이다.
　　　　　예) 꽃철이 시작되자 나비가 바삐 날아다녔다.

밭갈이철   밭을 갈기에 알맞은 철. 또는 한창 밭갈이를 하는 철.
　　　　　예) 밭갈이철이 되면 할머니는 새참 준비를 하느라 더욱 바빴다.

2 여름

찔레꽃머리 찔레꽃이 필 무렵이라는 말로, 초여름을 뜻한다.
  예) 찔레꽃머리부터 이리 더우니, 올 여름은 무척 덥겠구나.

복달임 복이 들어 기후가 지나치게 달아서 더운 철.
  예) 복달임이 되어 몇 날 며칠 밤낮없이 무더위에 시달렸다.

복허리 초복에서 말복까지의 사이.
  예) 복허리에 왔으니 더운 날들만 남았구나.

복철 삼복 때의 무더운 여름철.
  예) 복철이면 할머니는 삼계탕을 끓여 주었다.

가뭄철 으레 가뭄이 드는 계절.

깐깐오월 해가 길어서 일하기 지루한 달이라는 뜻으로, 음력 5월을 이르는 말.
  예) 깐깐오월이라 해가 길어 저녁 7시가 넘어도 훤히 밝았다.

미끈유월 미끄러지듯 한 달이 쉽게 지나간다는 뜻으로, 음력 6월을 뜻한다.
  예) 미끈유월이 되니 엄마와 아빠는 휴가를 잡느라 며칠째 실랑이 중이다.

어정칠월 음력 7월을 일컫는 말로, 음력 7월은 농가에서 별 일 없이 어정거리다가 지나가 버린다고 하여 어정칠월이라 부른다.
  예) 할머니는 어정칠월이 되니 열매들이 잘 익기를 기다렸다.

3 가을

건들팔월 건들바람처럼 덧없이 지나간다고 하여 음력 8월을 일컫는 말.
  例 입추를 지나 건들팔월이 되었는데도 더위가 물러가지 않았다.

동동팔월 매우 바빠서 언제 지나갔는지도 모르게 빨리 지나간다는 뜻의 음력 8월.
  例 동동팔월이라고 농사꾼들은 열매를 수확하느라 바빴다.

생량머리 초가을로 접어들어 서늘해질 무렵.
  例 생량머리 바람이 가을이 왔음을 알렸다.

찬바람머리 가을철에 싸늘한 바람이 불기 시작할 무렵.
  例 찬바람머리에는 일교차가 심해 감기를 조심해야 한다.

벼때 벼를 거두어들일 때.
  例 시골에서는 벼때가 바쁘고도 기분 좋은 시기이다.

신곡머리 햇곡식이 날 무렵.
  例 시장의 햇곡식들을 보니 신곡머리가 됐음을 알 수 있었다.

시월상달 시월을 예스럽게 이르는 말로, 햇곡식을 신에게 드리기 가장 좋은 달이라는 뜻에서 부르는 말.
  例 올 추석은 시월상달에 들지 않고 9월에 들었다.

서리가을 서리가 내리는 늦가을.
  例 서리가을이 되자 엄마는 옷장에서 겨울옷을 꺼내 정리했다.

4 겨울

김장철 김장을 담그는 철이라는 말로, 늦가을과 초겨울 사이.
 예 김장철이 되자 배춧값이 폭등했다.

겨를철 추수 후부터 다음 모내기까지 시간적 여유가 많은 시기. 농한기와 같은 말이다.
 예 할아버지와 할머니는 함께 농사를 짓는 이웃들과 겨를철에 여행을 가기로 했다.

동지섣달 1. 동짓달과 섣달을 아울러 이르는 말.
 예 동지섣달이 다 지나는데 새해 계획했던 일들 중 제대로 해낸 것이 없었다.
 2. 한겨울을 대표하여 이르는 말.
 예 어려운 이웃들이 동지섣달을 무사히 보낼 수 있도록 연탄을 사 보냈다.

삼동 겨울의 추운 석 달을 얘기한다.
 예 추위가 심해 삼동이 길게 느껴졌다.

대소한철 대한과 소한을 이루는 겨울철.
 예 대소한철 지나면 추위가 좀 풀리려나.

계절 알림 말 **139**

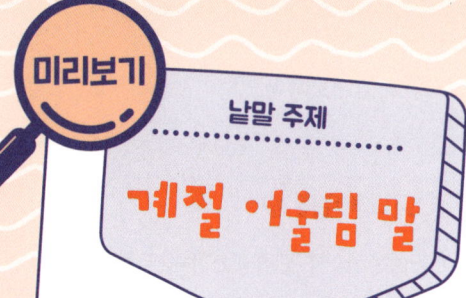

낱말 주제

계절 어울림 말

"내일부터 강력한 꽃샘추위가 몰려오겠습니다."

어느 계절에 나오는 말일까요? 모두 알겠지만 꽃샘추위는 봄에 어울리는 말이에요.

꽃샘추위는 이른 봄, 꽃이 필 무렵의 추위를 말해요. 꽃이 피는 것을 시샘하는 추위라는 의미를 담고 있지요.

개부심이라는 말은 어떤 뜻이고, 어느 계절에 어울릴까요?

피죽바람과 색바람은 어떤 바람이고, 어느 계절에 부는 바람일까요?

봄에 부는 바람이나, 여름이나 가을에 부는 바람이 비슷하게 느껴지겠지만 이름은 달라요. 비나 바람, 더위, 추위 등 각자 계절에 어울리는 이름을 가지고 있지요.

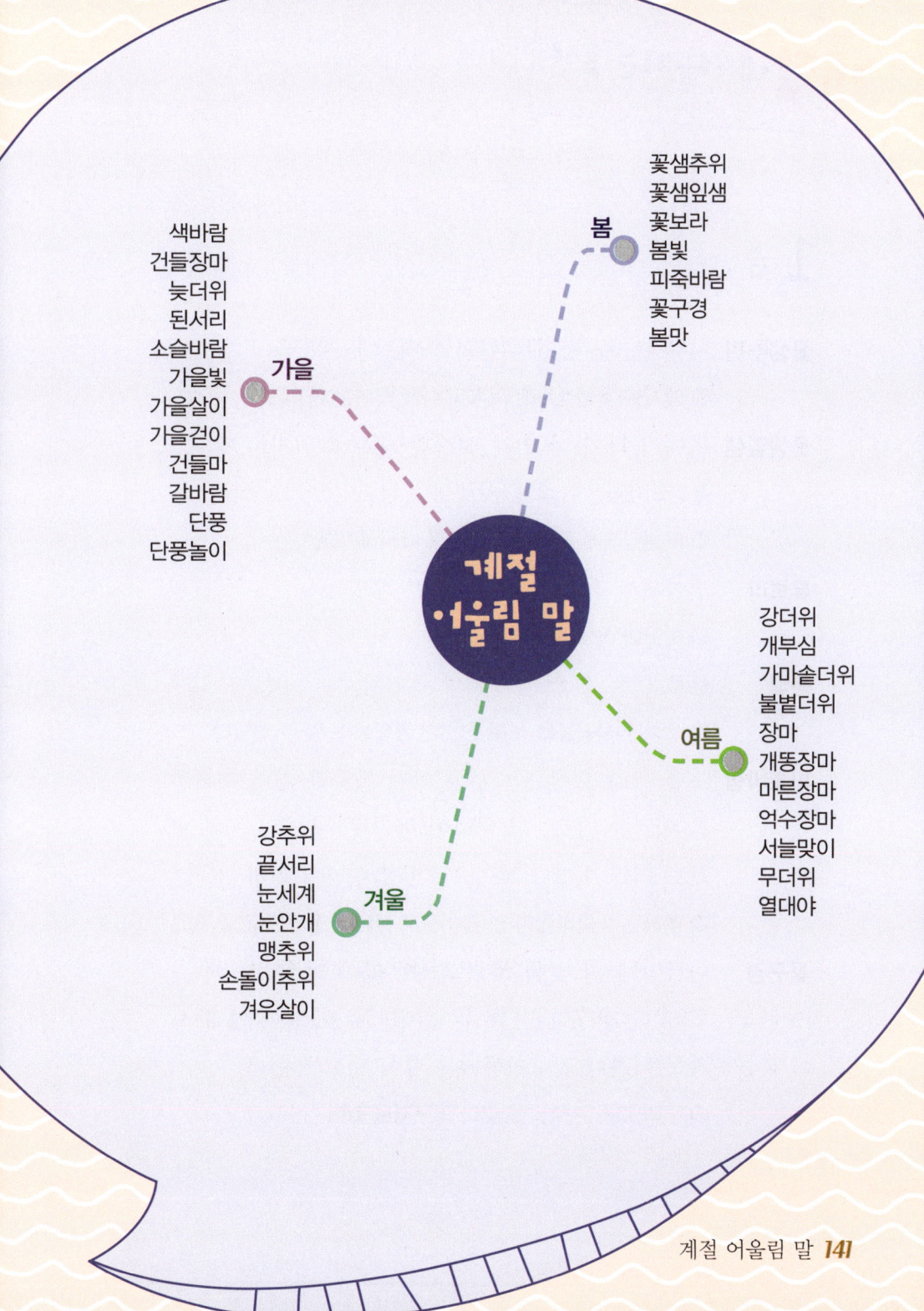

계절에 어울리는 표현

1 봄

꽃샘추위 이른 봄, 꽃이 필 무렵의 추위.
　　　　　예 매서운 꽃샘추위에 겨울이 다시 찾아온 줄 알았다.

꽃샘잎샘 봄에 꽃과 잎이 피기 시작할 때에 추워지는 것. 또는 그 추위.
　　　　　예 꽃샘잎샘에 물러갔던 감기가 다시 찾아왔다.

꽃보라 떨어져서 바람에 날리는 많은 꽃잎.
　　　　예 벚꽃이 꽃보라가 되어 날렸다.

봄빛 봄을 느낄 수 있는 경치나 분위기.
　　　예 초록 잎사귀들을 보며 완연한 봄빛을 느낄 수 있었다.

피죽바람 모낼 무렵 오랫동안 부는 아침 동풍과 저녁 북서풍을 이르는 말로, 이 바람이 불면 큰 흉년이 들어 피죽도 먹기 어렵다 하여 피죽바람이라고 한다.
　　　　　예 올해는 피죽바람이 안 불어오니 풍년이 들겠구나.

꽃구경 아름답게 핀 꽃을 보고 즐김. 꽃이 피는 봄, 여름, 가을 다 꽃구경을 할 수 있지만 주로 꽃이 피기 시작하는 봄에 꽃구경이라는 말이 많이 쓰인다.
　　　　예 우리 가족은 주말을 맞아 꽃구경을 갔다.

봄맛   봄철에 맛보는 느낌. 봄에 느끼는 맛.
  예 꽃구경을 가야 봄맛을 제대로 느끼는 거야.

2 여름

강더위   오랫동안 가물고 찌는 더위. 비슷한 말로 가물더위도 있다.
  예 강더위에 논바닥이 쩍쩍 갈라지기 시작했다.

개부심   장마로 큰물이 난 뒤, 한동안 쉬었다가 다시 퍼붓는 비가 흙탕물이 지나간 자리에 남은 검은 흙 등을 부시어 내는 것. 또는 그 비 자체를 뜻하기도 한다.
  예 한차례 쏟아진 개부심 덕분에 거리가 깨끗해졌다.

가마솥더위   가마솥을 달굴 때의 아주 뜨거운 기운처럼 몹시 더운 날씨.
  예 가마솥더위에 선풍기 앞을 떠날 수가 없었다.

불볕더위   햇볕이 몹시 뜨겁게 내리쬘 때의 더위.
  예 불볕더위에 일사병으로 어지럼증을 호소하는 사람들이 많아졌다.

장마   여름철에 여러 날 계속해서 내리는 비. 또는 비가 내리는 현상과 날씨.
  예 장마에 물이 불어나 다리를 건널 수가 없었다.

개똥장마 거름이 되는 개똥처럼 좋은 장마라는 뜻으로, 오뉴월 장마를 이르는 말.
  ㉠ 강더위 끝에 개똥장마가 내려 농사꾼들은 한시름 놓았다.

마른장마 장마철에 비가 아주 적게 오거나 갠 날이 계속되는 기상 현상.
  ㉠ 올여름은 큰비 소식이 없는 마른장마가 될 것 같다.

억수장마 여러 날 동안 억수로 내리는 장마.
  ㉠ 하늘에 구멍이라도 뚫렸나, 억수장마가 그치지 않네.

서늘맞이 여름에 더위를 피해 서늘한 바람을 쐬는 것.
  ㉠ 친구와 함께 영화를 보며 서늘맞이를 하였다.

무더위 습도와 온도가 매우 높아 찌는 듯해서 견디기 어려운 더위.
  ㉠ 무더위 때문에 불쾌지수가 높아졌다.

열대야 방 밖의 온도가 25도 이상인 무더운 밤.
  ㉠ 열대야 때문에 잠을 이룰 수 없었다.

3 가을

색바람 이른 가을에 부는 선선한 바람.
  ㉠ 색바람이 더위를 몰아내듯 나무들 사이로 시원하게 불어왔다.

건들장마 초가을에 비가 오다가 번쩍 개고 또 오다가 다시 개는 장마.
  예) 며칠째 계속되던 건들장마가 끝나고 마침내 파란 가을 하늘이 열렸다.

늦더위 여름이 다 가도록 가시지 않고 가을철까지 끄는 더위.

된서리 늦가을에 아주 되게 내리는 서리.
  예) 텃밭에 심어 놓은 배추가 된서리를 맞아 얼어 버렸다.

소슬바람 가을에 외롭고 쓸쓸한 느낌을 주며 부는 으스스한 바람.
  예) 은행잎이 소슬바람에 한 잎 두 잎 떨어지며 거리를 노랗게 물들였다.

가을빛 가을을 느낄 수 있는 경치나 분위기.
  예) 산마다 가을빛이 완연했다.

가을살이 가을철에 입는 옷.
  예) 엄마는 가을살이로 원피스 한 벌과 스카프를 장만했다.

가을걷이 가을에 익은 곡식을 거두어들이는 일.
  추수와 같은 말.
  예) 농부들은 서로 가을걷이를 도왔다.

건들마 남쪽에서 불어오는 초가을의 선들선들한 바람.
  예) 산자락에 늘어선 구절초가 건들마에 은은한 꽃향기를 풍겼다.

갈바람 가을에 부는 선선하고 서늘한 바람.

단풍	㉠ 후텁지근하던 여름이 차츰 갈바람에 밀려나는 것 같았다. 기후 변화로 식물의 잎이 붉거나 누런빛으로 변하는 현상. 또는 그렇게 변한 잎.
단풍놀이	단풍이 든 산이나 계곡의 아름다운 경치를 바라보며 즐기는 일. ㉠ 할머니 댁 마당에 곱게 물든 단풍을 보니 따로 단풍놀이 갈 필요가 없었다.

4 겨울

강추위	1. '마른', '물기가 없는' 또는 '다른 것이 섞이지 않고 그것만으로 이루어진'의 뜻을 더하는 접두사 강을 더해 눈도 오지 않고 바람도 불지 않으면서 몹시 추운 추위. ㉠ 눈발도 안 날리는 강추위가 계속되었다. 2. '매우 센' 또는 '호된'의 뜻을 더하는 접두사 강(强)을 더해 눈이 오고 매운바람이 부는 심한 추위를 뜻한다. ㉠ 내일부터 눈보라를 동반한 강추위가 시작되겠다.
끝서리	그해 겨울에 마지막으로 내린 서리. ㉠ 끝서리가 내렸으니 봄이 오겠구나.

눈세계 눈이 많이 와 산과 들이 온통 눈으로 덮인 상태를 이르는 말.
　　　예 펑펑 쏟아지는 눈이 우리를 눈세계로 끌어들였다.

눈안개 눈발이 자욱하여 안개가 낀 것처럼 사방이 뿌연 것.
　　　예 자욱한 눈안개 때문에 아빠는 천천히 차를 몰았다.

맹추위 매우 심한 추위.
　　　예 이번 맹추위는 사흘간 계속되었다.

손돌이추위 음력 10월 20일 무렵의 심한 추위. 고려 시대 때 손돌이라는 사공이 있었다. 이 손돌이가 임금이 탄 배의 사공 노릇을 하고 있었는데 풍파를 피하여 가자고 했다가 괜한 의심을 받아 억울하게 죽게 됐다. 그 후 그가 죽은 음력 10월 20일 무렵이면 그 원한으로 바람이 불고 날이 추워진다고 하여 손돌이추위라는 말이 생겨 났다.
　　　예 세찬 겨울바람이 부는 것을 보니 손돌이추위가 찾아온 모양이다.

겨우살이 겨울 동안 먹고 입고 지낼 옷가지나 양식 따위를 통틀어 이르는 말이기도 하고, 겨울을 난다는 뜻이기도 하다.
　　　예 할아버지는 열심히 땔나무를 모으며 겨우살이 준비를 하셨다.

낱말 주제

날씨

일기를 쓸 때 꼭 들어가는 몇 가지가 있어요.

바로 날짜와 날씨예요. 몇 월 며칠, 날씨 맑음 또는 흐림.

그런데 날씨는 맑기만 하고, 흐리기만 한 것이 아니에요. 때로는 덥기도 하고, 춥기도 하고, 따뜻하기도 해요.

흐린 날에도 그냥 날이 어두워 흐린 날이 있고, 비나 눈이 올 것같이 흐린 날도 있고, 안개 때문에 흐린 날도 있을 거예요.

맑은 날도 마찬가지지요. 기온은 낮지만 하늘은 맑은 날씨도 있을 것이고, 기온도 따뜻하고 하늘도 맑은 날씨도 있을 거예요.

기온이 높은 것도 불쾌할 정도로 더운 날씨가 있고, 따스할 정도일 때도 있을 거예요.

맑고, 흐리고, 춥고, 덥고, 따뜻한 날씨 표현법을 익혀서 표현의 달인이 되어 봐요.

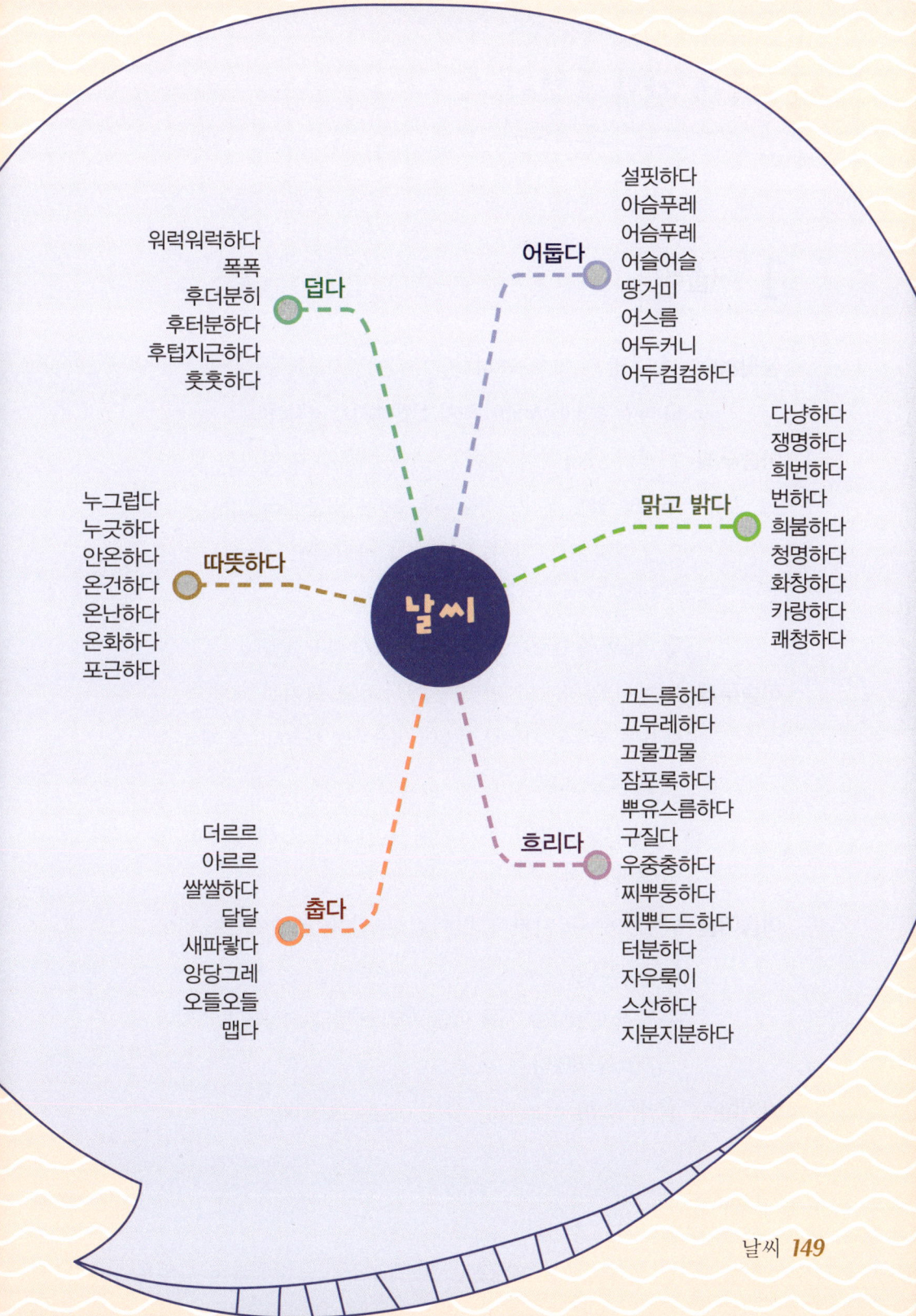

날씨에 관한 표현

1 어둡다

설핏하다 해의 밝은 빛이 약하다.
> 예 해가 설핏한 저녁이 되자 선선해지기 시작했다.

아슴푸레 1. 빛이 약하거나 멀어서 조금 어둑하고 희미한 모양.
> 예 길을 잃은 우리는 아슴푸레 보이는 빛을 따라갔다.

2. 또렷하게 보이거나 들리지 아니하고 희미하고 흐릿한 모양.
> 예 아슴푸레 들리는 알람을 끄고 다시 잠이 들었다.

어슴푸레 1. 빛이 약하거나 멀어서 어둑하고 희미한 모양.
> 예 아들 부부의 자동차 불빛이 어슴푸레 사라지도록 계속 손을 흔들었다.

2. 뚜렷하게 보이거나 들리지 아니하고 희미하고 흐릿한 모양.

어슬어슬 날이 어두워지거나 밝아질 무렵에 둘레가 조금 어두운 모양.
> 예 날이 어슬어슬 저물 때쯤 우리는 마당 평상에 둘러앉아 저녁을 먹었다.

땅거미 해가 진 뒤 어스레한 상태. 또는 그런 때.

예 해가 넘어가며 서서히 땅거미가 내려앉았다.

어스름 조금 어둑한 때. 새벽 어스름이나 저녁 어스름을 말한다. 거미라고도 한다.

예 새벽 어스름 무렵 길을 나섰더니 차가 별로 없었다.

어두커니 새벽 어둑어둑할 때에.

예 이른 새벽 어두커니 일어나 공항으로 향했다.

어두컴컴하다 어둡고 컴컴하다.

예 방 앞에 커다란 나무가 자라고 있어 내 방은 일찍 어두컴컴해졌다.

2 맑고 밝다

다냥하다 햇빛이 잘 들어 밝고 따뜻하다.

예 햇빛이 다냥하게 들어 졸음이 쏟아졌다.

쟁명하다 날씨가 깨끗하고 맑게 개어 있다.

예 비가 그치더니 쟁명한 날씨가 찾아왔다.

희번하다 동이 트며 허연 빛살이 약간 비쳐서 조금 훤하다.

예 희번하게 날이 밝아 오며 해돋이가 시작되었다.

번하다 1. 어두운 가운데 밝은 빛이 비치어 조금 훤하다.

예 불이 나간 집에 촛불이 번하게 불을 밝히기 시작했다.

2. 장마가 잠시 멎고 해가 나서 밝다.

날씨 **151**

　　　　　　　　예 이틀 내내 내리던 비가 번하게 개는 듯싶더니 오후가 되
　　　　　　　　자 다시 퍼붓기 시작했다.

희붐하다 날이 새려고 약간 밝은 기운이 비치어 오는 듯하다.
　　　　　　　　예 기차를 타기 위해 희붐하게 밝아 오는 새벽길을 나섰다.

청명하다 날씨가 맑고 화창하다.
　　　　　　　　예 가을이 되니 구름 한 점 없는 청명한 날씨가 찾아왔다.

화창하다 날씨나 바람이 온화하고 맑다.
　　　　　　　　예 꽃샘추위가 지나고 화창한 봄날이 찾아왔다.

카랑하다 하늘이 맑고 밝으며 날씨가 차다.
　　　　　　　　예 구름 한 점 없는 카랑한 하늘이 가을이 왔음을 말해 주고
　　　　　　　　있었다.

쾌청하다 구름 한 점 없이 상쾌하도록 날씨가 맑다.
　　　　　　　　예 쾌청한 날씨처럼 기분도 상쾌했다.

3 흐리다

끄느름하다　날이 흐리어 어둠침침하다.
　　　　　　　　예 눈 소식이 있더니 하늘이 끄느름해졌다.

끄무레하다　날이 흐리고 어두침침하다.
　　　　　　　　예 환하던 창밖이 끄무레하게 변했다.

끄물끄물　날씨가 활짝 개지 않고 몹시 흐려지는 모양.

㉠ 끄물끄물하더니 비가 내리기 시작했다.

잠포록하다 날씨가 흐리고 바람이 없다.
㉠ 잠포록한 날씨가 기분까지 차분하게 했다.

뿌유스름하다 선명하지 아니하고 약간 뿌옇다. 부유스름하다, 부유스레하다라고도 한다.
㉠ 뿌유스름하게 날이 밝아 왔다.

구질다 날씨가 맑게 개이지 못하고 비나 눈이 와서 구저분하다. 구질구질하다라고도 한다.
㉠ 하늘이 구질게 흐려졌다.

우중충하다 날씨나 분위기 따위가 어둡고 침침하다.
㉠ 우중충한 날씨라 기분까지 우중충해졌다.

찌뿌둥하다 비나 눈이 올 것같이 날씨가 궂거나 잔뜩 흐리다.
㉠ 하늘이 찌뿌둥하여 우산을 준비했다.

찌뿌드드하다 비나 눈이 올 것같이 날씨가 매우 흐리다.
㉠ 며칠째 찌뿌드드한 하늘 때문에 우산 챙기는 게 습관이 됐다.

터분하다 날씨가 시원하게 맑지 않고 매우 답답하다.
㉠ 집 안이 터분하여 창문을 열고 환기를 시켰다.

자우룩이 연기나 안개 따위가 잔뜩 끼어 매우 흐리고 고요한 느낌이 있다.
㉠ 안개가 자우룩이 끼어 구름 속에 있는 것 같았다.

스산하다 날씨가 흐리고 으스스하다.

㉠ 날씨가 스산하니 괜히 추운 느낌이 들었다.

지분지분하다 날씨가 자꾸 궂고 눈이나 비 따위가 오락가락하다.
㉠ 며칠째 지분지분한 날씨가 계속되었다.

4 덥다

워럭워럭하다 더운 기운이 몹시 왕성하게 일어나다.
㉠ 한낮이 되자 워럭워럭하게 일어난 더위 때문에 온몸에서 땀이 흘렀다.

폭폭 찌는 듯이 몹시 더운 모양. 푹푹도 같은 뜻.
㉠ 폭폭 찌는 더위 때문에 아이스크림이 잘 팔렸다.

후더분히 열기가 차서 조금 더운 느낌이 있다.
㉠ 문을 열자 공기가 후더분히 몰려왔다.

후터분하다 불쾌할 정도로 무더운 기운이 있다.
㉠ 후터분한 날씨 때문에 돌아다니기 힘들었다.

후텁지근하다 조금 불쾌할 정도로 끈끈하고 무더운 기운이 있다.
㉠ 후텁지근한 날씨에 땀이 비 오듯 했다.

훗훗하다 약간 갑갑할 정도로 훈훈하게 덥다.
㉠ 훗훗한 날씨 때문에 부채를 들고 다녔다.

5 따뜻하다

누그럽다 몹시 추워야 할 날씨가 따뜻하다.
　　　　　㉠ 올해 설날은 날씨가 누그러웠다.

누긋하다 추위가 약간 풀리다.
　　　　　㉠ 날씨가 누긋해졌다.

안온하다 날씨가 바람이 없고 따뜻하다.
　　　　　㉠ 안온한 날씨에 나무들이 일찍 싹을 틔웠다.

온건하다 날씨가 따뜻하고 건조하다.
　　　　　㉠ 아직 온건한 날씨지만 언제 무더위가 시작될지 모른다.

온난하다 날씨가 따뜻하다.
　　　　　㉠ 온난한 제주도의 겨울 날씨가 귤을 재배하는 데 좋다.

온화하다 날씨가 맑고 따뜻하며 바람이 부드럽다.
　　　　　㉠ 온화한 날씨에 꽃들이 활짝 피었다.

포근하다 겨울 날씨가 바람이 없고 따뜻하다.
　　　　　푸근하다도 있다.
　　　　　㉠ 봄처럼 포근한 날이었다.

6 춥다

더르르 추위 따위로 몸을 한 번 크게 떠는 모양.
　　　　예 고추바람 때문에 더르르 몸이 떨렸다.

아르르 추위나 두려움으로 몸이 떨리는 모양.
　　　　예 버스를 기다리며 정류장에서 아르르 떨고 있었다.

쌀쌀하다 날씨나 바람 따위가 음산하고 상당히 차갑다.

달달 춥거나 무서워서 몸을 떠는 모양. 몹시 몸을 떨 때는 덜덜이라고 한다.
　　　　예 달달 떨면서도 노는 것을 멈추지 못했다.

새파랗다 춥거나 겁에 질려 얼굴이나 입술 따위가 매우 푸르게 되는 것. 센 느낌의 시퍼렇다도 있다.
　　　　예 입술이 새파래지고 몸이 떨릴 정도로 추웠다.

앙당그레 춥거나 겁이 나서 몸이 옴츠러지는 모양.
　　　　예 추워서 앙당그레 움츠렸다.

오들오들 춥거나 무서워서 몸을 잇따라 심하게 떠는 모양. 아주 심하게 떨 때는 와들와들 또는 우들우들이라고 한다.
　　　　예 오들오들 떨면서도 계속 아이스크림을 먹겠다고 졸라 댔다.

맵다 날씨가 몹시 춥다.
　　　　예 매운 겨울 날씨에 감기가 떨어질 줄 몰랐다.

날씨 157

낱말 주제
바람

"호우 특보가 내려진 가운데 전국에 세찬 비바람이 몰아치고 있습니다."

장마철에 자주 듣게 되는 날씨 뉴스예요. 세찬 비바람은 강한 바람과 함께 비가 세차게 쏟아진다는 얘기예요.

비바람은 누구나 알 수 있는 낱말일 거예요. 그렇다면 문바람은 뭘까요? 문바람은 말 그대로 문이나 틈으로 들어오는 바람이에요.

가을바람은 가을에 부는 바람이고, 가맛바람은 가마를 타고 가면서 쐬는 바람을 뜻해요.

이처럼 바람에도 이름이 있어요. 하물며 손을 흔들어 내는 바람조차 손바람이라는 이름이 붙지요.

약한 바람, 강한 바람, 방향에 따른 바람, 또는 장소에 따른 바람은 어떤 이름으로 불리고 있을까요?

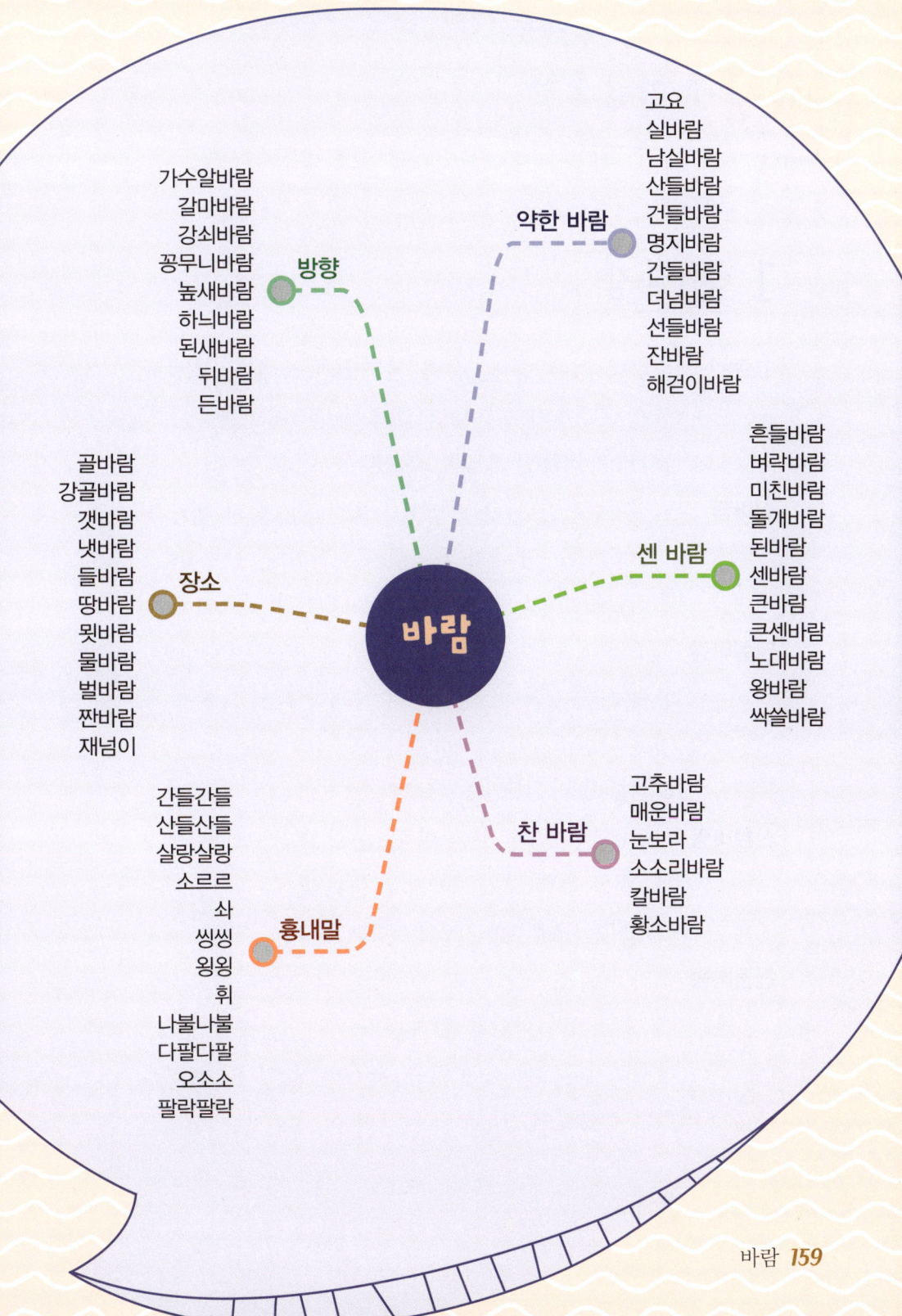

바람에 관한 표현

1 약한 바람

고요   바람이 없는 상태. 풍력 계급 0의 상태로, 물결도 잔잔하고 연기도 흔들림 없이 똑바로 올라간다.
　⑩ 바다가 바람 한 점 없이 고요했다.

실바람   남실바람보다 아주 가볍고 약한 바람. 풍력 계급 1의 바람으로, 연기가 움직이기 시작한다.
　⑩ 라일락 향기가 실바람을 타고 날아왔다.

남실바람   나뭇잎이 흔들리는 정도의 가볍게 솔솔 부는 바람. 풍력 계급 2의 바람으로, 풍향계가 비로소 움직이기 시작한다.
　⑩ 남실바람이 나뭇잎을 간질였다.

산들바람   시원하고 가볍게 부는 바람. 풍력 계급 3의 바람으로, 깃발 같은 것이 가볍게 흔들린다.
　⑩ 시원한 산들바람에 기분이 상쾌했다.

건들바람   초가을에 선들선들 부는 바람을 말하기도 하고, 풍력 계급 4의 바람을 말하기도 한다. 먼지가 일고, 종잇조각이 날리거나 작은 나뭇가지들이 흔들린다. 바다에 물결이 살랑인다.

예 더운 바람이 어느새 건들바람으로 바뀌어 가을이 왔음을 알렸다.

명지바람 보드랍고 화창한 바람. 명주바람이라고도 한다.
예 명지바람이 머리칼을 간질이며 시원하게 불어왔다.

간들바람 부드럽고 가볍게 살랑살랑 부는 바람.
예 간들바람이 불어 산책하기 좋았다.

더넘바람 초가을에 서늘하게 부는 바람으로, 작은 가지가 움직일 정도의 바람.
예 더넘바람에 나뭇잎들의 솨솨 소리가 시원하게 들렸다.

선들바람 가볍고 시원하게 부는 바람.

잔바람 잔잔하게 부는 바람.
예 곤히 잠든 아기의 콧잔등 위로 잔바람이 불어왔다.

해걷이바람 해 질 녘에 부는 바람.
예 시원한 해걷이바람을 맞으며 강변을 달렸다.

2 센 바람

흔들바람 풍력 계급 5의 바람으로, 작은 나무가 흔들리는 정도의 바람.
예 흔들바람에 모자가 날아갔다.

벼락바람 갑자기 휘몰아치는 바람.

미친바람 일정한 방향도 없이 마구 휘몰아쳐 부는 사나운 바람.
  ⓔ 미친바람에 나무가 이리저리 흔들렸다.

돌개바람 갑자기 생긴 저기압 주변으로 한꺼번에 모여든 공기가 나선 모양으로 일으키는 바람. 회오리바람과 같은 말.
  ⓔ 돌개바람에 거리의 쓰레기들이 빙빙 떠돌았다.

된바람 매섭게 부는 바람으로, 뱃사람들 말로 북풍을 뜻하기도 한다. 풍력 계급 6의 바람으로, 큰 나뭇가지가 흔들리고 우산을 쓰기가 어렵다.
  ⓔ 된바람에 우산이 뒤집어지고 말았다.

센바람 풍력 계급 7의 바람으로, 나무 전체가 흔들리고 바람을 맞으며 걷기가 힘들다. 강풍이 여기에 해당한다.
  ⓔ 유리창이 깨질듯 흔들리며 센바람이 불어왔다.

큰바람 풍력 계급 8의 바람으로, 작은 나뭇가지가 꺾이고 바람을 안고서는 쉽게 걸을 수가 없다. 태풍의 풍속이 초속 17.2미터 이상인데, 큰바람의 풍속은 평균 초속 17.2~20.7미터이다.
  ⓔ 태풍과 함께 몰아친 큰바람에 나뭇가지가 꺾이고 현수막이 날아갔다.

큰센바람 풍력 계급 9의 바람으로, 기와가 벗겨지고 굴뚝이 넘어질 정도의 바람.
  ⓔ 밤새 불어닥친 큰센바람에 날아간 기왓장을 고치기 위해

지붕으로 올라갔다.

노대바람 몹시 강한 바람으로 풍력 계급 10. 파도가 크게 일고, 건물이 부서지거나 나무가 뿌리째 뽑힐 만한 위력의 바람.
예 노대바람에 오래된 다리가 무너져 내렸다.

왕바람 풍력 계급 11의 몹시 강한 바람. 건물이 부서지고, 산더미 같은 파도가 일어난다.
예 왕바람에 배들이 뒤집어지고 난리가 났다.

싹쓸바람 풍력 계급 12의 가장 강한 바람.
예 싹쓸바람이 모든 것을 날려 버려 마을은 쑥대밭이 되고 말았다.

3 찬 바람

고추바람 살을 에는 듯 맵고 독하게 부는 차가운 바람.
예 고추바람에 귀가 어는 것 같았다.

매운바람 살을 엘 듯이 몹시 찬 바람.
예 눈보라와 함께 매운바람이 휘몰아쳤다.

눈보라 센바람과 함께 드세게 휘몰아치며 흩날리는 눈.

소소리바람 이른 봄에 살 속으로 스며드는 듯한 차고 매서운 바람.

　　　　　　ⓔ 꽃샘추위와 함께 소소리바람이 불어왔다.

칼바람　몹시 맵섭고 독한 바람.

　　　　　　ⓔ 칼바람에 얼굴이 찢어지는 듯했다.

황소바람　좁은 틈으로 세게 불어 드는 바람. 주로 겨울에 문 틈으로 들어오는 바람을 뜻한다.

　　　　　　ⓔ 황소바람이 도시의 빌딩 사이로 휘몰아쳤다.

4 방향

가수알바람　서쪽에서 불어오는 바람. 갈바람이라고도 한다.

　　　　　　ⓔ 가수알바람에 노의 방향을 바꿨다.

갈마바람　서남쪽에서 불어오는 바람.

강쇠바람　첫가을에 동쪽에서 불어오는 센 바람.

　　　　　　ⓔ 강쇠바람이 가을을 몰고 왔다.

꽁무니바람　뒤쪽에서 불어오는 바람. 꽁지바람이라고도 한다.

　　　　　　ⓔ 산에서 꽁무니바람이 따라 내려왔다.

높새바람　동북쪽에서 불어오는 바람. 주로 봄부터 초여름에 걸쳐 태백산맥을 넘어오는 고온 건조한 바람.

　　　　　　ⓔ 농부들은 건조한 높새바람 때문에 비가 오지 않을까 걱정하였다.

하늬바람　농어촌에서 주로 이르는 말로 서쪽에서 부는 바람.

㉠ 하늬바람에 풍경이 울렸다.

된새바람 뱃사람들 말로, 동북풍을 이르는 말.

뒤바람 북풍을 이르는 말.
㉠ 할머니는 뒤바람에 고향 소식이라도 들었으면 좋겠다고 하셨다.

든바람 동남풍을 이르는 뱃사람들의 말.

5 장소

골바람 골짜기에서 산꼭대기로 부는 바람.
㉠ 골바람이 올라와 산을 오를수록 시원했다.

강골바람 강물이 흐르는 골짜기에서 불어오는 바람.
㉠ 차가운 강골바람을 맞으며 스케이트를 탔다.

갯바람 바다에서 육지로 부는 바람.

냇바람 산마루에서 내리 부는 바람.
㉠ 산 아래 있는 할머니 집은 냇바람이 불어 시원했다.

들바람 들에서 부는 바람.

땅바람 육지에서 부는 후텁지근한 바람.
㉠ 여름 한낮의 땅바람에 숨이 헉헉 막혔다.

묏바람 산에서 부는 바람.
㉠ 가을에는 선선한 묏바람이 불어 산행을 하기 좋다.

물바람   강이나 바다 따위의 물 위에서 불어오는 바람.
　　　　예 바닷가를 걸으니 파도 소리에 물바람 소리가 섞여 들렸다.
벌바람   벌판에서 부는 바람.
짠바람   바다에서 불어오는 소금기를 품은 바람.
　　　　예 바다의 짠바람이 황태를 더욱 맛있게 말렸다.
재념이   산으로부터 내리 부는 바람. 산바람이라고도 한다.
　　　　예 밤이 되니 재념이가 불어와 쌀쌀한 기운이 돌았다.

6 흉내말

간들간들   바람이 가볍고 부드럽게 살랑살랑 부는 모양. 건들건들이라고도 한다.
　　　　예 봄바람이 간들간들 불어와 코를 간질였다.
산들산들   사늘한 바람이 가볍고 보드랍게 자꾸 부는 모양.
살랑살랑   조금 사늘한 바람이 가볍게 자꾸 부는 모양. 쌀랑쌀랑도 있다.
소르르   바람이 천천히 보드랍게 불어오는 모양. 솔솔도 같은 뜻.
　　　　예 소르르 불어오는 바람에 소나무 향이 스쳤다.
솨   나뭇가지나 물건의 틈 사이로 바람이 스쳐 부는 소리.
씽씽   바람이 매우 세차게 스쳐 지나가는 소리나 모양.

윙윙　거센 바람이 가는 전선 따위에 매우 빠르고 세차게 잇따라 부딪치는 소리로, 거센 바람 소리를 표현할 때 쓴다. 윙윙도 같은 뜻.
　　　예) 미친바람이 윙윙 울어 댔다.

휘　센바람이 거칠게 스쳐 지나가는 소리. 잇따라 세게 부는 소리로 휙휙도 있다.
　　　예) 찬 바람만 휘 지나갔다.

나불나불　얇은 물체가 바람에 자꾸 가볍게 움직이는 모양. 나풀나풀, 너풀너풀 등으로도 쓸 수 있다.
　　　예) 깃발이 나불나불 춤을 추었다.

다팔다팔　다보록한 물건 따위가 조금 길게 늘어져 바람에 자꾸 흔들리는 모양. 더펄더펄도 같은 뜻.
　　　예) 여자아이의 긴 머리카락이 다팔다팔 날린다.

오소소　바람에 작은 나뭇잎 따위가 많이 떨어지는 소리나 모양. 좀 더 센 우수수도 있다.
　　　예) 갈바람에 오소소 떨어지는 단풍잎들을 카메라에 담았다.

팔락팔락　바람에 빠르고 가볍게 잇따라 나부끼는 소리나 모양. 좀 더 힘찬 표현의 팔랑팔랑과 더 빠르고 힘찬 펄럭펄럭도 있다.
　　　예) 깃발이 팔락팔락 나부꼈다.

봄에 오는 비를 봄비라고 해요. 여름에 오는 비는 여름비, 가을에 오는 비는 가을비, 겨울에 오는 비는 겨울비라고 하지요.

계절에 따라 쉽게 이름 붙여진 비의 이름들이에요. 그런데 좀 더 자세히 들여다보면 더 많은 이름들을 찾을 수 있어요.

복비라는 말을 들어 본 적이 있나요? 복비의 '복' 자는 '복 복(福)' 자예요. 따라서 복비는 복을 가져다주는 비라는 의미를 담고 있지요. 농사가 잘되도록 농사철에 때맞춰 내리는 비를 복비라고 해요.

그렇다면 잠비는 무슨 비일까요? 마구 잠이 쏟아지는 비일까요?

떡비는 또 무슨 비일까요? 가랑비와 이슬비 중 어느 비가 더 가늘게 내리는 비일까요?

비가 오는 모습을 상상하며 비의 다양한 이름들을 알아봐요.

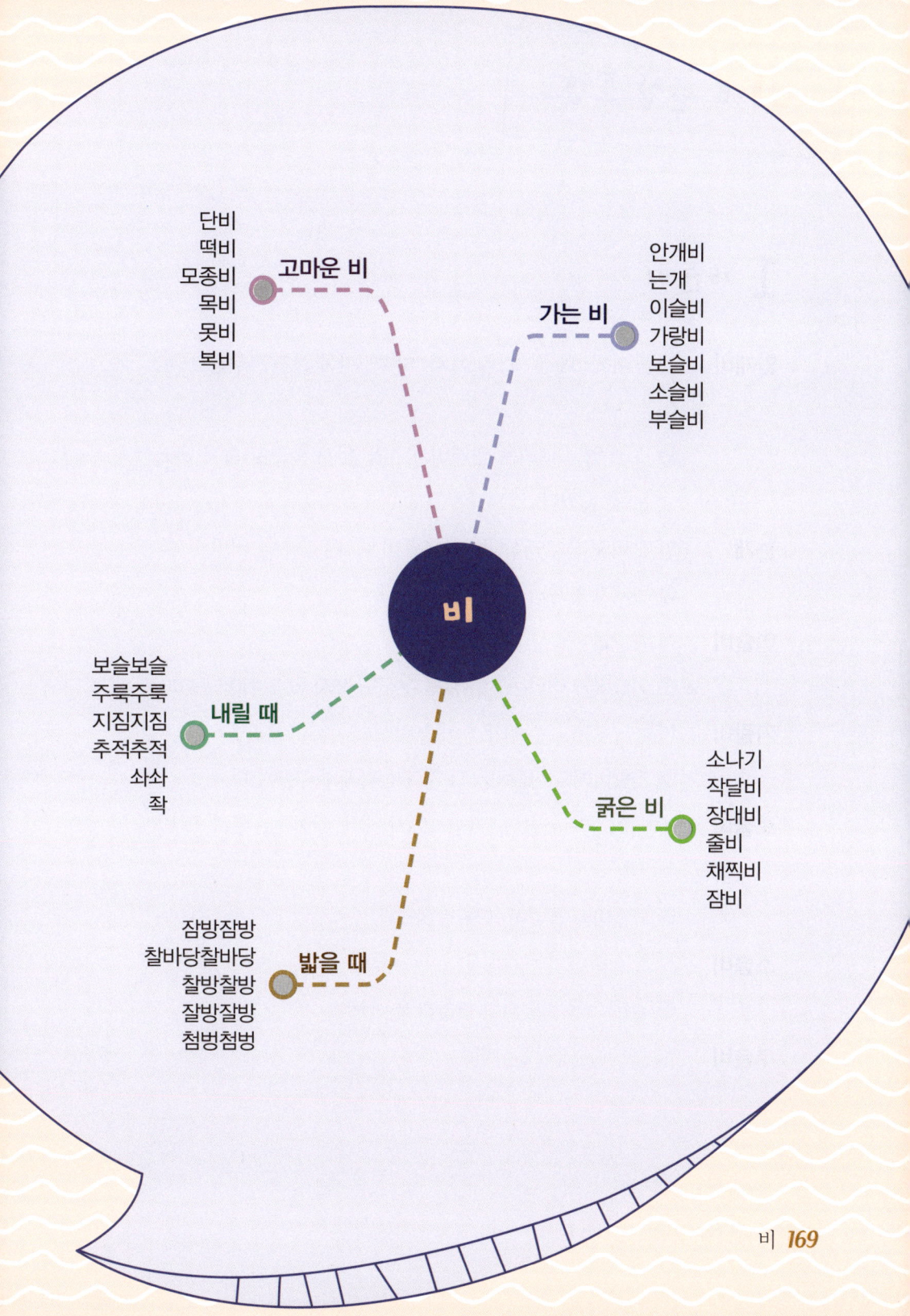

비에 관한 표현

1 가는 비

안개비 빗줄기가 매우 가늘어서 마치 안개처럼 부옇게 보이는 비.
   예 소리 없이 내리는 안개비가 산을 안개 속으로 숨겨 버리는 것 같았다.

는개 안개비보다 조금 굵고 이슬비보다는 가는 비.
   예 는개가 조용히 숲에 내려앉았다.

이슬비 아주 가늘게 내리는 비.
   예 이슬비가 내리는 시골길을 우산도 쓰지 않고 뛰어다녔다.

가랑비 가늘게 내리는 비로, 이슬비보다 좀 굵은 비.
   예 가랑비에도 아랑곳하지 않고 신나게 축구를 했다.

보슬비 바람이 없는 날에 가늘고 거세지 않게 조용히 내리는 비.
   예 보슬비에 풀잎이 촉촉이 젖었다.

소슬비 으스스하고 쓸쓸하게 오는 비.
   예 깊은 가을 소슬비가 쓸쓸하게 내렸다.

부슬비 부슬부슬 내리는 비.

2 굵은 비

소나기	갑자기 세차게 내리는 비.
작달비	굵직하고 거세게 퍼붓는 비. ㉠ 작달비가 요란하게 유리창에 부딪쳤다.
장대비	빗줄기가 장대처럼 굵고 억수로 쏟아지는 비. ㉠ 부슬비가 어느새 장대비로 변해 마구 쏟아졌다.
줄비	끊임없이 줄줄 내리는 비. ㉠ 이번에 내리는 비는 줄비인지 그칠 줄 몰랐다.
채찍비	채찍을 내리치듯 굵고 세차게 휘몰아치며 좍좍 쏟아져 내리는 비. ㉠ 채찍비가 차 지붕을 세차게 때렸다.
잠비	잠자라고 오는 비. 여름에 비가 오면 일을 못 하고 잠을 잔다고 하여 잠비라고 한다.

3 고마운 비

단비	꼭 필요한 때에 알맞게 내리는 비. ㉠ 긴 가뭄 끝에 단비가 내렸다.
떡비	풍년이 들어 떡을 해 먹을 수 있게 하는 비라는 뜻으로, 요긴한 때에 내리는 비.

모종비 모종하기에 알맞은 때에 오는 비.

목비 모낼 무렵에 한꺼번에 오는 비.

못비 모를 다 심을 만큼 충분히 오는 비.

복비 복을 가져다주는 비라는 뜻으로, 농사철에 맞춰 내리는 비를 이른다.

　　예 모내기에 맞춰 모종비가 내렸으니 참으로 고마운 복비다.

4 내릴 때

보슬보슬 눈이나 비가 가늘고 성기게 내리는 모양.

주룩주룩 굵은 물줄기나 빗물 따위가 빠르게 자꾸 흐르거나 내리는 소리나 모양. 쭈룩쭈룩도 있다. 가는 물줄기는 조록조록, 쪼록쪼록.

　　예 작달비가 주룩주룩 쏟아졌다.

지짐지짐 조금씩 내리는 비가 자꾸 오다 말다 하는 모양.

추적추적 비나 진눈깨비가 자꾸 축축하게 내리는 모양.

　　예 겨울비가 추적추적 내렸다.

쇄쇄 자꾸 비바람이 치거나 물결이 밀려오는 소리. 쐐쐐로 쓸 수도 있다.

쫙 비나 물 따위가 갑자기 쏟아지거나 흘러내리는 소리나 모양.

5 밟을 때

잠방잠방 작은 물체가 물에 자꾸 부딪치거나 잠기는 소리나 모양. 느낌이 센 참방참방도 있다.
  예 고인 물을 피할 생각도 않고 잠방잠방 신나게 건너간다.

찰바당찰바당 조금 묵직한 물체가 물에 자꾸 거칠게 부딪치는 소리나 모양. 잘바당잘바당보다 센 표현.

찰방찰방 찰바당찰바당의 준말.
  예 비가 고인 물을 찰방찰방 밟고 놀았다.

잘방잘방 찰방찰방보다 느낌이 약한 표현.

첨벙첨벙 큰 물체가 물에 자꾸 부딪치거나 잠기는 소리나 모양. 점벙점벙보다 센 표현.

비 173

사람들은 겨울이 되면 눈이 내리기를 기다려요.

눈이 오면 눈싸움도 하고, 눈사람도 만들고 싶어지지요. 눈에도 여러 가지 이름이 있어요.

가장 많이 듣는 이름이 함박눈일 거예요. 하지만 모든 눈이 함박눈은 아니에요.

생각해 보세요. 어떤 눈은 눈송이가 크고, 어떤 눈은 눈송이가 작잖아요. 또 어떤 눈은 잘 뭉쳐져서 눈사람 만들기 좋고, 어떤 눈은 포슬포슬 잘 뭉쳐지지 않아요.

밤사이 아무도 모르게 내린 눈은 뭐라고 할까요? 아무도 밟지 않은 깨끗한 눈은 뭐라고 부를까요? 한자어 폭설(暴雪)을 예쁜 순우리말 이름으로 바꿀 수 있을까요?

눈을 표현하는 아름다운 우리말을 지금부터 알아 봐요.

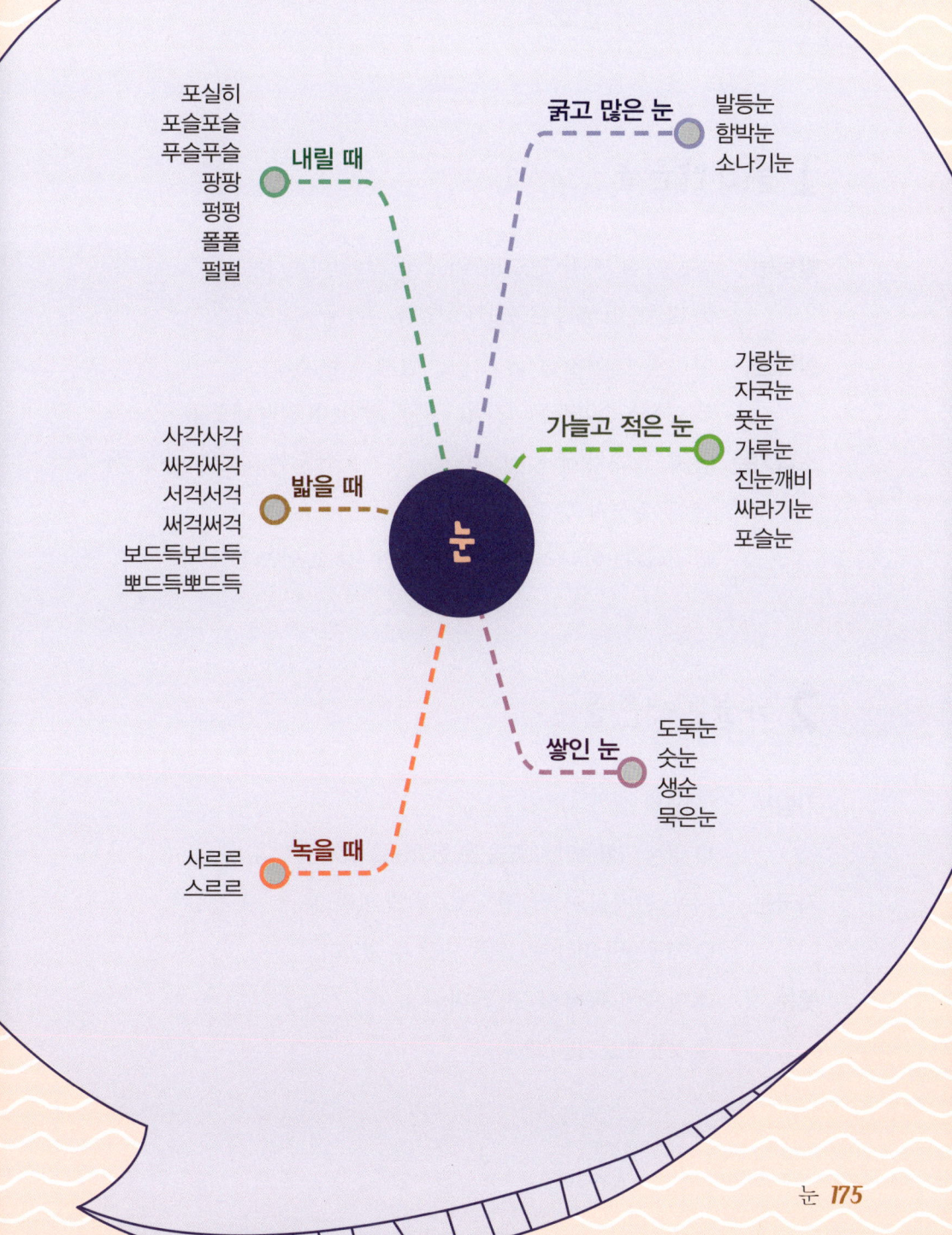

눈에 관한 표현

1 굵고 많은 눈

발등눈   발등까지 빠질 정도로 비교적 많이 내린 눈.
        예 발등눈이 쌓여 운동화가 젖었다.

함박눈   함박꽃 송이처럼 굵고 탐스럽게 오는 눈.
        예 점점 눈송이가 굵어지더니 이내 함박눈이 펑펑 내렸다.

소나기눈   갑자기 세차게 많이 내리는 눈. 소낙눈이라고도 하는데 폭설과 같은 말.
        예 소나기눈이 내려 도로에 꼼짝없이 갇히고 말았다.

2 가늘고 적은 눈

가랑눈   조금씩 잘게 내리는 눈.
        예 아직 가랑눈만 내렸을 뿐 함박눈은 보지 못했다.

자국눈   겨우 발자국이 날 정도로 적게 내린 눈.
        예 자국눈만 내려 눈사람을 만들 수 없었다.

풋눈   초겨울에 들어서 조금 내린 눈.
        예 풋눈뿐인 겨울이었다.

가루눈   기온이 낮고 수증기가 적을 때 가루처럼 내리는 눈.
  ㉮ 고운 가루눈이라 잘 뭉쳐지지 않았다.

진눈깨비   비가 섞여 내리는 눈.
  ㉮ 함박눈 대신 진눈깨비가 내렸다.

싸라기눈   빗방울이 내리다가 갑자기 찬바람을 만나 얼어서 떨어지는 싸라기 같은 눈.
  ㉮ 부스러진 쌀알 같은 싸라기눈만 좀 쌓였을 뿐이다.

포슬눈   가늘고 성기게 내리는 눈.
  ㉮ 포슬눈이 점점 굵어지고 있었다.

3 쌓인 눈

도둑눈   밤사이에 사람들 모르게 내린 눈.
  ㉮ 밤새 하얗게 내린 도둑눈이 햇빛에 반짝이고 있었다.

숫눈   발자국이 나거나 녹거나 하지 않고 내려 쌓인 채로 고스란히 남아 있는 눈.
  ㉮ 숫눈만 보면 밟고 싶어졌다.

생눈   내린 뒤에 아무도 밟지 않고 녹지도 않은 채 고스란히 있는 눈.
  ㉮ 새벽에 눈을 뜬 지훈이는 새 발자국도 찍히지 않은 생눈을 밟으며 좋아했다.

묵은눈 쌓인 눈이 오랫동안 녹지 아니하고 얼음처럼 된 것.
예 눈을 제때 치우지 않으면 묵은눈이 되어 치우기 어려워진다.

4 눈이 내릴 때

포실히 눈이나 비, 연기, 안개, 빛 따위의 양이 많게.
예 포실히 내리는 눈 덕분에 겨울 가뭄을 해결할 수 있겠다.

포슬포슬 눈이나 비가 자꾸 가늘고 성기게 내리는 모양.

푸슬푸슬 눈이나 비가 조용히 성기게 내리는 모양.
예 도둑눈이 푸슬푸슬 내리는 것을 강아지만 알고 있었다.

팡팡 눈이나 물 따위가 세차게 쏟아져 내리거나 솟는 모양.

펑펑 눈이나 물 따위가 세차게 많이 쏟아져 내리거나 솟는 모양.

폴폴 눈이나 먼지, 연기 따위가 흩날리는 모양.

펄펄 눈이나 먼지, 가루 따위가 바람에 세차게 날리는 모양.
예 소나기눈이 펄펄 쏟아졌다.

5 눈을 밟을 때

사각사각 눈이 내리거나 눈 따위를 밟을 때 잇따라 나는 소리.

싸각싸각 사각사각보다 센 느낌의 표현.
> 예 생눈을 싸각싸각 밟으며 놀았다.

서걱서걱 눈이 내리거나 눈 따위를 밟을 때 잇따라 나는 소리.

써걱써걱 서걱서걱보다 센 느낌의 표현.

보드득보드득 쌓인 눈 따위를 약간 세게 여러 번 밟을 때 나는 소리나 모양.

뽀드득뽀드득 보드득보드득보다 센 느낌의 표현.
> 예 눈길을 지날 때마다 뽀드득뽀드득 발자국 소리가 따라왔다.

6 눈이 녹을 때

사르르 눈이나 얼음 따위가 저절로 살살 녹는 모양.
> 예 자국눈이 햇살에 사르르 사라져 버렸다.

스르르 눈이나 얼음 따위가 저절로 슬슬 녹는 모양.

낱말 주제

해, 달, 별

눈부신 햇살 또는 눈부신 햇볕.

눈부시다는 말에 햇살이 어울릴까요, 햇볕이 어울릴까요?

햇살과 햇볕 중 하나는 눈부시다와 어울리지 않아요. 해가 보내는 똑같은 빛 같지만 햇살과 햇볕에는 다른 점이 있거든요.

햇살은 해가 쏘는 빛줄기를 말하고, 햇볕은 해가 내리쬐는 뜨거운 기운을 뜻해요. 따라서 눈부시다는 말은 빛줄기 햇살과 더 잘 어울리는 표현이지요.

해를 가리키는 말이 여러 개이듯, 모양이 변하는 달에도 많은 이름이 있어요. 반달, 보름달 말고도 달의 모양에 따라 여러 이름이 있지요.

별도 마찬가지예요. 금빛처럼 빛나는 별도 있고, 빛나지 않는 별도 있고, 움직이는 별도 있고, 움직이지 않는 별도 있으니 그 이름도 제각각이겠지요?

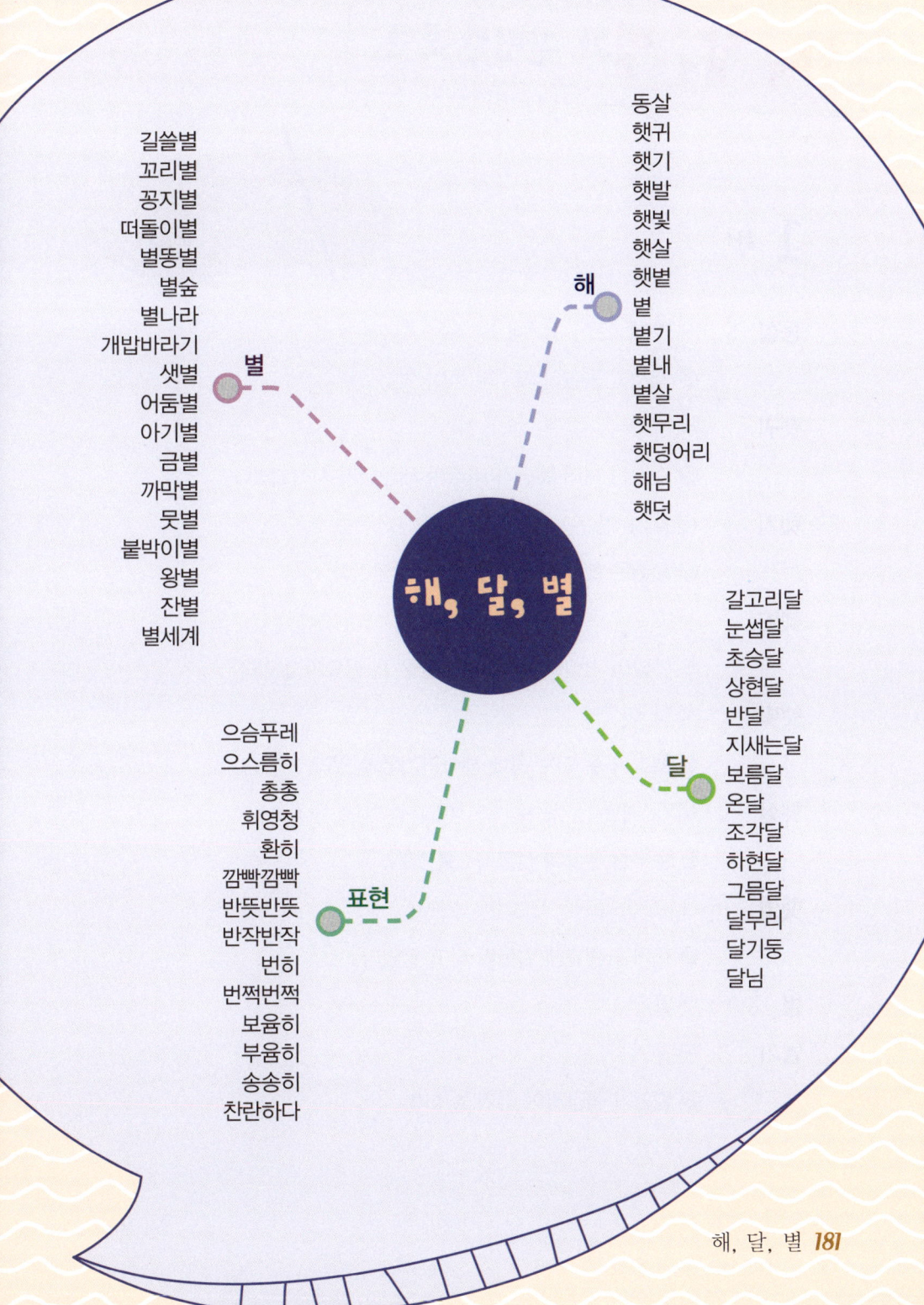

해, 달, 별과 관련한 표현

1 해

동살   새벽에 동이 틀 때 비치는 햇살.
   예 서서히 동살이 퍼지며 동이 텄다.

햇귀   해가 처음 솟을 때의 빛.
   예 수평선 너머 햇귀가 비추며 해돋이가 시작되었다.

햇기   햇살의 기운.
   예 오늘은 햇기가 좋아 빨래가 잘 말랐다.

햇발   사방으로 뻗친 햇살.
   예 햇발이 거실 가득 들어와 불을 켤 필요가 없었다.

햇빛   해의 빛.
   예 햇빛이 잘 드는 곳에 해바라기를 심었다.

햇살   해가 내쏘는 광선. 즉 빛의 줄기인 빛살.
   예 눈부신 햇살에 선글라스를 꼈다.

햇볕   해가 내리쬐는 뜨거운 기운.
   예 뜨거운 햇볕에 얼굴이 타고 말았다.

볕   햇볕.

볕기   햇볕의 기운.
   예 볕기가 적당하여 걷기 좋았다.

182 우리말을 알려 드립니다

볕내	볕이 풍기는 냄새라는 뜻으로, 볕기와 같은 말. ⑩ 볕내를 쐬기 위해 마당에 나갔다.
볕살	내쏘는 햇빛. ⑩ 따뜻한 볕살을 받으며 열매가 잘 익어 갔다.
햇무리	햇빛이 대기 속 수증기에 비치어 해의 둘레에 둥글게 나타나는 빛깔이 있는 테두리.
햇덩어리	둥글둥글한 해의 덩어리.
해님	해를 인격화하여 높이거나 다정하게 이르는 말.
햇덧	해가 지는 짧은 동안이나, 일하는 데에 해가 주는 혜택. ⑩ 올해는 햇덧을 보아 과일이 잘 익었다.

2 달

갈고리달	초승달이나 그믐달과 같이 갈고리 모양으로 몹시 이지러진 달. ⑩ 저녁 하늘에 갈고리달이 떴다.
눈썹달	눈썹 모양을 닮은 초승달과 그믐달을 이르는 말. ⑩ 눈썹달 옆으로 북극성이 보였다.
초승달	초승에 뜨는 달. 초승은 음력으로 그 달 초하루(첫째 날)부터 처음 며칠 동안을 말한다. 저녁에 서쪽 하늘에서 볼 수 있는 달이다.

상현달	음력으로 매달 7~8일인 상현에 나타나는 반원형의 달.
반달	반원 모양의 상현달과 하현달을 이르는 말.
지새는달	먼동이 튼 뒤에 서쪽 하늘에 보이는 달. 또는 음력 보름 무렵의 달.
	예 동트기 때 하늘을 보면 동살을 비추기 시작한 해와 지새는달이 함께 떠 있다.
보름달	음력 보름날 밤에 뜨는 둥근달. 보름은 음력으로 15일이다.
온달	조금도 이지러진 데 없는 둥근달. 음력 보름날에 뜨는 보름달.
조각달	음력 초닷샛날 전후와 스무닷샛날 전후에 뜨는, 반달보다 더 이지러진 달.
	예 조각달이 구름에 걸려 있었다.
하현달	음력으로 매달 22~23일인 하현에 나타나는 반원 모양의 달.
그믐달	음력으로 매월 마지막 날에 뜨는 달. 새벽에 동쪽 하늘에서 보인다.
	예 어슴새벽 하늘 위에 그믐달이 홀로 떠 있었다.
달무리	달 언저리에 둥그렇게 둘린 구름 같은 테.
	예 달무리가 지는 걸 보니 내일은 비가 오려나 보다.
달기둥	달이 물 위에 비칠 때 물결로 인해 길어진 달그림자.
달님	달을 의인화하여 표현하는 말.

3 별

길쓸별 혜성을 달리 이르는 말로, 모양이 길을 쓰는 빗자루 같다고 해서 생긴 이름.

꼬리별 가스 상태의 빛나는 꼬리를 끌고 타원이나 포물선에 가까운 궤도를 그리며 운행하는 혜성을 이르는 말.
  예 꼬리별이 길게 빛줄기를 그리며 지나갔다.

꽁지별 혜성을 이르는 말.

떠돌이별 중심 별의 강한 인력 때문에 타원 궤도를 그리며 중심 별의 주위를 도는 행성을 이르는 말. 지구를 포함한 태양계의 행성들이 태양을 도는 떠돌이별에 해당한다.
  예 우리 지구는 태양 주위를 도는 떠돌이별이다.

별똥별 지구 대기권 안으로 들어와 빛을 내며 떨어지는 작은 물체. 즉 유성.

별숲 별들이 총총 떠 있는 하늘을 비유적으로 이르는 말.
  예 가을이 되니 밤하늘의 별숲도 모양을 바꿨다.

별나라 별을 예쁘게 비유한 말.

개밥바라기 저녁에 서쪽 하늘에 보이는 금성.
  예 개밥바라기가 일찌감치 떠올라 밤을 기다리고 있었다.

샛별 새벽 동쪽 하늘에 반짝이는 금성을 일상적으로 이르는 말.

어둠별 해가 진 뒤에 서쪽 하늘에서 반짝거리는 금성.

아기별 작은 별을 귀엽게 이르는 말.

금별 금빛처럼 반짝이는 별.

까막별 빛을 내지 않는 별.
㉠ 우주 저편 어딘가에 어둠에 잠긴 까막별이 살고 있다.

뭇별 많은 별.
㉠ 밤하늘 뭇별들을 바라보며 별자리를 그려 보았다.

붙박이별 북극성이나 북두칠성, 견우성, 직녀성처럼 위치를 바꾸지 아니하는 별.
㉠ 북극성은 붙박이별이라 길을 잃었을 때는 북극성을 보고 방향을 찾으면 된다.

왕별 큰 별.

잔별 작은 별.

별세계 우리가 살고 있는 이 세상 밖의 다른 세상. 별천지라고도 한다.

 표현

으슴푸레 달빛이나 불빛 따위가 침침하고 흐릿한 모양.
㉠ 구름에 가린 달빛이 으슴푸레 모습을 드러냈다.

으스름히 빛 따위가 침침하고 흐릿하게.

총총　촘촘하고 많은 별빛이 또렷또렷한 모양.

휘영청　달빛 따위가 몹시 밝은 모양.
　　　　예 휘영청 밝은 보름달이 밤하늘을 환하게 비추고 있었다.

환히　빛이 비치어 맑고 밝게.

깜빡깜빡　불빛이나 별빛 따위가 잠깐 어두워졌다가 밝아지는 모양.

반뜻반뜻　작은 빛이 잇따라 갑자기 나타났다 없어졌다 하는 모양.
　　　　예 반뜻반뜻 빛나는 저것은 별이 아니라 비행기 불빛인가 보다.

반작반작　작은 빛이 잠깐 잇따라 나타났다가 사라지는 모양. 센 느낌의 반짝반짝도 있다.

번히　어두운 가운데 밝은 빛이 비치어 조금 훤하게 되는 것.
　　　　예 어느새 날이 번히 밝아 오기 시작했다.

번쩍번쩍　큰 빛이 잇따라 잠깐 나타났다가 사라지는 모양. 센 느낌의 뻔쩍뻔쩍도 있다.
　　　　예 햇살에 바닷물이 번쩍번쩍 빛났다.

보윰히　빛이 조금 보얗게.

부윰히　빛이 조금 부옇게.
　　　　예 해가 구름에 가려 부윰히 빛났다.

송송히　별빛이 맑고 또렷하게.
　　　　예 송송히 떠오른 별들이 밤하늘을 수놓았다.

찬란하다　빛이 번쩍거리거나 수많은 불빛이 빛나는 상태. 또는 그 빛이 매우 밝고 강렬하다.

우리말을
알려 드립니다

1판 3쇄 발행 2022년 02월 01일 | **1판 1쇄 발행** 2020년 10월 22일
글 유영진 | **그림** 임윤미
펴낸이 김상일 | **펴낸곳** 도서출판 키다리
편집 이태영 | **디자인** 이기쁨 | **마케팅** 신성종 | **홍보** 장현아 | **관리** 김영숙
출판등록 2004년 11월 3일 제406-2010-000095호
제조국 대한민국 | **사용연령** 9세 이상
주소 경기도 파주시 심학산로 10
전화 031-955-9860(대표), 031-955-9861(편집) | **팩스** 031-624-1601
이메일 kidaribook@naver.com | **블로그** blog.naver.com/kidaribook
ISBN 979-11-5785-340-3 (71710)

• 이 책의 출판권은 키다리 출판사에 있습니다.
• 저작권법에 의해 한국 내에서 보호를 받는 저작물이므로, 무단전재와 무단복제를 금합니다.
• 잘못된 책은 구매하신 곳에서 교환할 수 있습니다.